엄마를 위한
쉼표 하나

엄마를 위한
쉼표 하나

초판 1쇄 펴낸 날 | 2015년 10월 30일

지은이 | 권미정
펴낸이 | 이금석
기획 · 편집 | 박수진
디자인 | 강한나
마케팅 | 곽순식
경영지원 | 현란
펴낸곳 | 도서출판 무한
등록일 | 1993년 4월 2일
등록번호 | 제3-468호
주소 | 서울 마포구 서교동 469-19
전화 | 02)322-6144
팩스 | 02)325-6143
홈페이지 | www.muhan-book.co.kr
e-mail | muhanbook7@naver.com
가격 13,000원
ISBN 978-89-5601-393-0 (03320)

엄마를 위한
쉼표 하나

권미정 지음

/

엄마에게

지금

가장

필요한 것

/

14년 차 직장인, 12년 차 엄마! 세 아이를 낳고 오랫동안 고민하며 미루어 두었던 계획 하나를 실천했다.

육아휴직!

왜 육아휴직을 할 수 없는지에 대한 생각을 멈추고, 휴직하면 무엇을 가장 해보고 싶고 어떻게 하면 효율적으로 행복한 시간을 보낼 것인지에 대해서만 생각하기로 했다. 그리고 노트에 적기 시작했다. 글로 쓰면 평소 생각하는 것을 정리할 수 있고, 행동을 변화시킬 수 있는 힘을 얻을 수 있기에.

하루 24시간을 쪼개 쓰던 내가 여유 있고 좋은 엄마로 변하기 위해서는 상당한 노력과 인내심이 필요하기에 인문학 서적과 육아서를 읽고, 육아강연을 들었다. 그 과정에서 알게 된 것이 하나 있다. 나를 사랑할 줄 알아야, 아이도 가정도 진정으로 사랑할 줄 안다는 것!

평소 원하는 것들을 목록으로 작성하고 하나씩 실행해 나갔다. 또 아이들의 눈높이에 맞추고 대화를 하고자, 아이들이 원하는 위시

리스트^{wish list} 목록도 함께 만들어 옆에서 응원하고 지지해주며 실현할 수 있도록 해주었다. 초등학교 고학년인 큰아이가 원하는 운동을 할 수 있도록 지원해주고, 부족한 교과를 채워주기도 하였다. 또 현재의 모든 삶을 내려놓고 가족 모두가 유럽으로 배낭여행을 다녀오기도 했다. 이렇게 나에게 오롯이 집중하고, 또 가족에게 맞게 삶을 리모델링하면서 한층 더 행복과 가족애를 높여갔다.

충전을 6개월간 하면서 느낀 점은 전업맘을 한때 부러워한 적도 있었지만, 세상에 쉬운 일이 하나도 없다는 것이었다. 각자의 고충과 보람이 있었다.

그리고 엄마는 아이와 함께 성장할 때 진정한 성장을 할 수 있다는 것이다. 나는 오늘도 아이와 함께 성장 중이다. 내 발등 위에 아이의 발을 얹고 걸음마를 가르쳤던 것처럼, 걸음마를 막 시작한 아이가 나를 향해 뒤뚱거리며 걸어오던 순간처럼, 나의 품에 안겼을 때 큰 기쁨을 느꼈던 순간처럼, 훗날 이 시간을 그렇게 기억하며 미소 짓겠지.

그날을 위해 아이들과 함께한 이 소중한 시간들을 책으로 남기고자 한다. 그리고 나처럼 육아휴직기간 동안 어떻게 보내야 할지 모르겠다며 고민하는 이들에게, 또 마음처럼 육아휴직을 내지 못하는 이들에게 조금이나마 이 책이 도움과 위안이 되길 바라며.

마지막으로 육아휴직이 가능하도록 해주신 회사 관계자분들, 육아휴직 동안 아이들과 사이좋게 지내는 비법을 알려주신 박주영 상담심리사님, 유럽배낭여행 계획 시 도움을 준 회사 후배들(이주연 과장, 김덕호 과장, 황지민 대리, 임그린 사원)과 유럽 숙소사장님들, 이렇게 책을 쓰는데 도움을 주신 무한 출판사 직원분들께 감사하다.

엄마와 함께 책을 쓴다며 기뻐하며 유럽여행 주제별 독서를 재미있게 했던 사랑하는 딸아이들, 사랑하는 남편과 양가 부모님께 진심어린 감사의 마음을 전한다.

_권미정

contents

1장

30대 후반,
좀 쉬어 가자!

내 감정을 허락하자

,

"나 이번에 육아휴직 냈어. 오래 전부터 내 몸에 있는 모든 에너지가 방전된 기분이었거든. 아이들 커가는 모습도 옆에서 지켜보고 싶고."

"얼마 전에 사표 냈어. 아이들이 초등학교에 입학하고 나니까 감당이 안 되더라고. 이제 공부도 본격적으로 시켜야 되고. 애들 자는 모습만 보는 날짜가 많아지니까 돈이 다 무슨 소용인가 싶더라."

"이번 달부터 육아휴직기간이야. 친정엄마가 몸이 갑자기 안 좋아지셔서 아이들 이제 못 봐주신다고 했거든."

마흔을 앞두고 약속이나 한 듯 친구들은 휴식을 선택했다. 자의적인 것도 있었고 타의적인 것도 있었으며, 일시적인 것도 영원한 것도 있었다. 학창시절처럼 속마음을 미주알고주알 서로 말은 하지 않았지만 비슷한 것들을 느끼고 생각하며 살아왔던 것 같다.

'너무 앞만 보고 달려온 것 같아. 10년 이상 직장 생활하면서 아내로서 엄마로서 달려왔는데 이제 좀 쉴 때도 되지 않았나? 이렇게 가다가는 모두 무너질 것 같아. 완전 과부하 상태야.'

경제적으로 나아지기 위해서 꿈을 위해서 등 달려온 이유는 다양했지만, 나 자신을 제대로 돌보지 못한 채 달려왔다는 점은 똑같았다. 멀쩡하게 사는 듯했던 친구들도 휴직했다 복직하는 이들의 이야기를 듣고 진지하게 고민했다.

"내 감정을 허락해야 될 때가 온 것 같아. 나도 우리 가족도 모두 충전이 필요해."

휴직을 결심했을 때, 이미 휴직했거나 휴직했다가 복직한 친구들은 내게 하나 같이 '잘했다'고 했다. 휴직은 비슷한 고민, 비슷한 딜레마에 빠져 별다른 방법을 찾지 못하고 내린 최선의 선택이자 최고의 선택이었으므로. 친구들은 각자 쉬면서 무엇을 했을 때 가장 행복했는지 노하우를 하나씩 알려주었다. 나 또한 6개월 뒤에 휴직 예정인 친구에게 휴직기간을 알차게 보내는 노하우를 전수해 줄 것이다.

맞벌이에서 외벌이가 되면 경제적 압박이 찾아올 것이다. 맞벌이 때는 시간이 금이라 마트에서도 15분 만에 카트에 필요한 물건들 넣고 휘리릭 장을 봤는데, 휴직 이후에는 주어진 생활비 내에 장을 봐야 하므로 마트에 머무는 시간은 2~3배로 길어질 것이다. 또 집에서 쉬고 있으면 여기저기서 들려오는 소리가 많으므로 아이들 학원 한 군데 보낼 거 2~3개 보내야 되는 거 아닌가 머리 싸매고 고민하게 될 것이다.

이렇게 경제적인 여건은 차치해 두더라도 다른 여건이 잘 맞아 떨어져야만 쉴 수 있다. 쉴 수밖에 없는 상황인데 필요충분조건으로 모든 것이 잘 맞아 떨어지는 때. 그런데 지금이 내게는 그런 때였다. 바쁜 딸을 대신해 아이들을 돌봐주시던 엄마가 개인사정으로 잠시 못 봐줄 거 같다고 말씀하셨을 때, 아이들의 커가는 모습을 곁에서 매일 지켜봐주지 못한 것이 아쉬웠을 때, 돈보다 더 중요한 건 아이들이 바르게 성장할 수 있도록 지지해 주는 거라는 생각이 강하게 들었을 때, 분명 내가 쉬면 경제적 어려움은 있겠지만 몇 개월 못 버티겠어라는 생각이 들었을 때, 휴직계를 내고 컴백했을 때 적응을 못하면 어쩌지 걱정하다가도 지금보다 내일이, 올해보다 내년이 더 그럴 거야, 라는 생각이 들 무렵이었던 것 같다.

6개월 휴직계를 내기 전까지만 해도 '내려놓으니 행복해졌다'라는 생각이 들어야 하는데, 왕복행 티켓을 들고 있으면서도 내심 '내가 그동안 열심히 노력해서 얻은 중요한 것들이 무너지면 어쩌나?' 하는 불안감을 느끼기도 했다. 회사에 갑자기 무슨 일이 생겨 직장으로 컴백하지 못하게 될 일이 생길 수도 있고, 다행이 그런 일이 생기지 않더라도 업무를 처리하는 감이 떨어질 수도 있기 때문이다. 하지만 일이 닥치면 닥치는 대로 살아남는 법을 찾는 게 인간의 놀라운 잠재력이라니 그걸 믿어보는 수밖에.

간단히 말해 나는 지쳐있었고, 좀 쉬고 싶었다. 하지만 나는 회사에 큰 불만도 없었고, 30대 후반의 여자가 회사를 덜컥 그만둔다면 현실상 새로운 직업을 구하기는 쉽지 않다는 걸 알고 있었다. 고민 끝에 결국 휴직계를 냈고, 이왕 이렇게 된 거 6개월을 6년처럼 알차게 쓰리라 다짐했다.

'새로운 환경에서 또 한 번 성장할 수 있겠지!'

걱정은 날리고, 현재에 집중해야 한다. 왜? 오늘은 내일을 만드는 하루니까. 휴직한 지금 이 상태의 나에게 충실해야 한다. 만들고 싶은 미래가 있다면 지금부터 준비하지 않으면 안 된다. 일상을 가장 멋지게 바꿀 수 있는 지금 이 순간에 몰입하자. 내가 사랑하는 가족 곁에서 기쁨의 절규를 한번 질러보자. 야호! 아이들과 남편을 잘 보살피고 나를 충전시켜 더욱 건강한 가정을 만들어서 돌아가자. 이 생각만 하고 잠시 멈추기로 했다.

가장 원하는 것 찾기

,

　학창시절 나는 모두 yes라고 할 때 no를 외쳤던 적이 있다. 고등학교 2학년 1학기 여름방학 보충수업을 하지 않겠다고 했다. 보충수업시간에는 문제집으로 진도를 나가거나 자율학습을 했는데, 무더운 여름날 등하교하기도 싫었고 더운 교실에서 공부하는 것이 비효율적이라는 생각이 들었기 때문이다. 선생님은 혼자서 무슨 공부를 하겠냐며 다시 한 번 더 생각하라 했고, 그래도 못하겠다면 '부모님 동의서'를 받아오라고 하셨다. 나는 동의서를 제출했다. 지금 생각해보면 나에게 약간은 괴짜 같은 면이 있는 것인지도 모르겠다.

　그런데 막상 이렇게 되니, 내가 한 결정이 맞는 것인지도 확신이 서지 않았고 앞으로 어떻게 잘할 것인지도 고민되었다. 그런 고민은 며칠간 계속되었는데, 무슨 생각에서인지 나는 그냥 무작정 일상을 탈출하고 싶었다.

챗바퀴에 갇힌 다람쥐처럼 학교와 집만 오가는 것도 싫었고, 무엇을 위해서 이렇게 열심히 공부해야 하나 하는 일종의 환멸을 느꼈던 것 같다. 목표나 꿈이 있었다면 슬럼프를 잘 극복할 수 있었겠지만, 단순히 해야 되는 공부니까 좋은 대학을 가야 하니까 하는 공부였으므로 매우 지쳐있었다.

토요일 학교 수업을 마치고, 집에 가는 버스를 탔다. 그런데 불현듯 갑자기 혼자 가보지 않은 곳, 그리고 아무도 나를 모르는 곳으로 훌쩍 떠나고 싶어졌다. 그래서 집에 거의 다 왔다는 것을 알면서도 버스에서 내리지 않았다.

호기심 또는 모험심으로 시작된 버스여행은 낯선 정거장이 하나둘 보이면서 불안해지기 시작했다. '언제 내릴까?' 고민하면서 가방을 끌어안고 있는데 도시의 건물이 하나둘씩 키가 작아지더니 논밭이 나오기 시작했다. 날은 조금씩 저물어 가는데, 급기야 사방이 산밖에 보이지 않았다. 덜컥 겁이 나 버스를 내렸다. 시골길을 따라 동네로 들어갔다. 처음 와본 곳이었는데 기분이 참으로 묘했다. 논이 보이는 남의 집 앞에 앉아 길가의 꽃을 보았다. 참으로 고요했다.

거기서 복잡한 머릿속의 상념들을 풀어놓고 마음을 터놓고 한동안 울었다. 내 뒤로 경운기가 한 대 지나가는 소리를 듣고 하늘을 올려다보았다. 어스름해지는 저녁노을을 보며 갑자기 집에 가야겠다는 생각이 들었다. 버스정류장을 찾아 버스를 기다리는데 20분이 지나도 버스가 오지 않았다.

'아, 여기는 우리 동네처럼 자주 버스가 오지 않는 곳이구나!'

걱정이 되기 시작했다. 마침 밭일을 마치고 귀가하는 것으로 보이는 할머니께 여쭤어 봤다.

"시내로 가야 하는데, 버스가 20분 동안 한 대도 안 왔어요. 언제쯤 올까요?"

"응, 25분에 한 대씩 있어. 쪼매만 더 기다리면 올 거여. 못 보던 얼굴이네. 누구네 집에 왔다 가는 거야?"

"아, 아니에요. 알겠습니다. 감사합니다."

조금 있으니 할머니 말씀대로 버스가 왔다. 버스를 타고 가다보니 건물이 하나씩 높아졌고, 드디어 내가 아는 건물이 보이기 시작했다. 반가웠다.

그날 이후, 무겁던 내 머리는 가벼워졌다. 작은 일탈이었지만 가슴

속이 후련해졌다. 아무도 모르는 낯선 곳으로 훌쩍 떠나 자연 속에 푹 잠겼다 오니, 그간 절대 풀리지 않을 것 같은 고민들이 정리되어 갔다. 그날 그렇게 버스를 타고 무작정 가보지 않았다면 몰랐겠지. 그 경험이 알려준 방법 덕분에 나는 정말 정신없이 바쁠 때면 오히려 혼자만의 시간을 갖는다.

하지만 해방감과 자유의 기쁨도 잠시였다. 늘 꽉 짜인 시간표 속에서 살다가 여름방학을 맞이하게 된 나는 '모든 자유에는 책임이 따라야 더 아름답다'라는 것을 느꼈다. 나는 이번 여름방학을 점수를 올리고 싶었던 과목을 공략하는데 쓰기로 결심했다. 그동안 아쉬웠던 과목들이 바짝 좀 해보라고 덤비기 시작했고, 나는 접수했다. 매일 아침 일찍 도시락 2개를 챙겨서 도서관으로 향했다. 아침 7시면 일어나 가방을 메고 도서관으로 가는 버스를 탔다. 버스 안에서 매일 30분간 명상을 했다.

도서관에 도착해서 공부하다 점심시간이 되면 괜히 쭈뼛쭈뼛해졌다. 혼자 먹는 도시락이라니! '사춘기 여학생에게 혼자 먹는 밥만큼 외롭고 눈치 보이는 일은 없을 것'이란 생각과 '아니지. 괜히 그런 생각에 빠져서 고개 숙이고 먹을 필요 없지'라는 상반된 생각을 하며 천천히 밥을 먹었다.

양치하고 공부하고, 또 저녁 먹고 양치하고, 공부하다가 11시가 되어 도서관이 문 닫을 때쯤이 되면 버스를 타고 귀가했다. 매일 집으로 돌아오는 버스 안에서 계획대로 잘되어 가고 있다는 생각에 굉장히 뿌듯해 했던 기억이 난다.

여름방학이 지났다. 개학한 첫날 친구는 나에게 "혼자 잘 지냈어? 우린 정말 더워 죽을 뻔 했어. 나도 너처럼 보충수업 안 한다고 할 걸 그랬어. 진짜 눈치 안 보고 손 들었어야 했는데"라고 했고, 나는 그냥 "잘 지냈다"고 대답했다.

곧 담임선생님이 교실에 들어오셨다. 나는 자신 있는 눈빛으로 담임선생님을 마주했다. 청소시간에 담임선생님이 내게 물으셨다.

"공부는 열심히 했니?"

"네."

"성적으로 보여줄 수 있지?"

"네."

쉬는 시간에 짝꿍과 같이 영어문제집을 책상 가운데 놓고, 각자 답을 연습장에 적으며 풀기 시작했다. 짝꿍과 나는 동일한 속도로 영어를 푸는 수준이 아니었는데, 같아졌다. 채점해 보니 1~2개를 제외하고는 다 맞았다. 나는 속으로 환호성을 질렀다. 짝꿍도 놀라고.

그 후로 나는 혼자 일정을 잡고 남다른 길을 걷는 것에 대한 두려움이 사라졌다. 오히려 자신감이 생기기 시작했다. 고2를 망치면 고3도 망치는 거라는 말을 수도 없이 들으며 그렇게 고2를 보냈었던 나. 친구들과 다른 방식으로 문제에 접근했지만, 실패하지 않았다. 오히려 득이 됐다. 돌이켜보면 그 모든 시간을 책임지고 선택해야 한다는 설렘 반 두려움 반의 나날들이었지만, 그 덕분에 긴장감을 유지하면서 더 큰 동기부여를 하며 공부할 수 있었던 것 같다. 한 과목 한 과목 내 방식대로 마스터해가며 느끼는 쾌감은 정말 짜릿했다.

아내, 엄마 그리고 나. 어른이 되면서 해야 할 역할과 의무는 일렬로 줄을 세우고 우선순위를 매겨야 할 만큼 늘어났다. 23세 입사, 24세 결혼, 25세 출산, 26세 출산, 30세 출산. 그리고 이사와 아이들 입학 등.

대학 졸업 후에도 인생은 선택의 연속이었다. 당연히 그 선택에는 책임이 따랐다. 고심 끝에 선택하면 그 다음은 거침없이 추진해 나가야 했다. 내가 선택했기에 후회한들 소용없고, 남을 탓할 수도 없는 일이다. 결혼 후에는 남편 제외, 나의 형편을 속속들이 알리기가 어렵기 때문에 다른 이들에게 큰 도움을 받지는 못했다. 그래서 머리가 복잡해질 때마다 남편과 이불에 누워 이야기보따리를 꺼낸다.

"이러저러해서 내가 이렇게 하기로 했는데, 당신 생각은 어때?"

"깊이 생각해서 알아서 해."

남편은 프러포즈를 할 때 '나는 과거를 후회하는 사람이 아니고, 평생 평범하게 살고 싶다'라고 했었다. 당시 '뭐 이런 사람이 있나. 그래도 설마 꿈이 진짜 평범하게 사는 거겠어?' 하며 그때 웃어넘겼던 나는 남편이 진짜 그런 사람이라는 것을 살면서 점점 더 느끼고 있다.

아이들이 초등학교를 입학할 때마다 휴직하거나 퇴직해야 하나를 1000번은 더 고민하는 여느 직장맘들처럼 나도 그랬었다. 하지만 매번 나는 그냥 꿋꿋이 회사를 다녔다. 그리고 아이를 키우며 겪었던 많은 고민과 문제들도 잘 버텨냈다. 그렇게 버틸 수 있었던 것은 엄마가 아이들을 잘 키워주셨기 때문일 것이다. "아이들 보는 거 힘드니까 야근 좀 줄이고 일찍 다녀!"라는 말 한번 하지 않았던 우리 엄마. 그 덕에 나는 여기까지 달릴 수 있었다.

하지만 인생이 계획처럼 호락호락하게 흘러가지만은 않았다. 남편의 충격적인 건강검진 결과와 딸아이의 기질을 알지 못해 애가 탔던 시간들이 이어졌다. 나는 참 어려운 터널을 몇 번씩 거쳐 왔다. 그럼에도 불구하고 묵묵히 그 길을 걸어나올 수 있었던 것은 터널에서 빛이 되어준 많은 사람들을 만났기 때문이다.

나는 이런 터널을 지나며 생각이 달라졌다. 남편의 건강검진 결과가 오진이라고 밝혀졌지만 갑작스러운 죽음이 우리 가족에게 닥쳐올 수도 있다는 생각을 하게 되었다. 그때 나는, 그리고 우리는 어떻게 해야 하는가? 지금 내 삶의 우선순위가 과연 제대로 매겨져 있는 것인가? 그 후 내 삶의 궤도는 분명 달라졌다.

게다가 아이들의 12, 11, 7세가 되면서 나는 왠지 모를 불안감이 들었다. 사춘기의 시작이 보통 11세라고 한다. '사춘기가 되면 가족 나들이에 함께 가려고 하지 않고, 부모보다는 친구와의 소통이 우선이 되며, 공부하지 않겠다고 본인이 고집을 부리면 끝이라는 이야기 등'이 여기저기서 들려왔다. 많은 책에서도 입을 모아 똑같은 말을 했다.

사춘기 시절을 떠올려 보아도 나도 분명 그랬고 주위 친구들도 그랬다. 시험기간인데도 불구하고 도서관에 앉아 평소 보고 싶었던 책을 읽곤 했었다. 무엇이 우선순위인지 뻔히 알고 있으면서도 마음이 가는대로 하고 싶은 일을 먼저 해야 직성이 풀렸던 사춘기 시절. '잠시 삐뚤어질까?'라는 생각도 했었던 일들이 떠올랐다.

학창시절을 보낸 사람들이 모두 알고 있는 답은 '사춘기를 잘 보내야 좋은 대학에 간다'는 것이다. '그때 하지 않으면 돌이키기 어렵고, 공부도 다 때가 있는 법'이라는 어른들의 말씀이 사실임을 30대 중반이 넘어가니 뼈저리게 느껴진다.

이런 사춘기 아이 둘과 초등입학을 앞둔 7살 딸아이를 두고 나니, 머릿속은 더욱 복잡해졌다. 사춘기 전에 애들 데리고 많이 놀러다녀야 한다'는 주위 인생 선배님들의 말과 '늙어서 부부가 이야기 나누며 꺼내볼 수 있는 추억의 보물창고를 많이 채워 놔야 한다'는 말의 의미도 더 잘 알게 되었다.

나는 먹어봐야 똥인지 된장인지 잘 아는 사람인거 같다. 10년 전부터 사춘기 자녀를 두거나 대학생 자녀를 둔 회사 상사분들이 늘 입에 달고 내게 해주시던 말의 진가를 이제야 깨닫게 되다니 말이다. 난 마음이 급해졌다. 마음은 급했지만 무엇을 어떻게 시작해야 할지 몰랐다.

곰곰이 생각해 보았다. 생각하면 생각할수록 내 인생에 중요한 것이 많았다. 거기서 우선순위를 정했고, 내가 가장 원하는 것을 고민했다.

'언제부터 어떻게 쉬는 것이 가장 효율적인가?'

출산을 한 순간부터 수백 번도 더했던 고민을 또 하기 시작한 것이다.

어디선가 나와 그리고 우리 가족에게 응급조치를 필요로 하는 경고음이 들리는 것 같았다. 어쩌면 아이들과 친해질 수 있는 마지막 시기가 될 수도 있다. 평일에 회사를 다니고 주말에 놀러다니는 것은 분명 한계가 있었으므로.

지금 내 나이에 '잠시 쉰다'는 것은 어쩌면 '영원히 쉰다'가 될 수도 있지만, 그렇게 되는 한이 있더라도 쉬고 싶었다. '경제적, 사회적으로 성공해서 누리고 싶은 것은 무엇인가?'를 나 스스로에게 물어보니 답은 늘 똑같았다.

'행복한 가정!'

내가 꿈꾸는 것은 대다수가 꾸는 것이고, 단지 언제 어떻게 다가서는가의 차이만 있었다. 그래서 나는 결심했다. 집으로 출근하기로!

노는 데도 기술이 있다

,

　'노는 기술'이 있다고 한다. 내가 사춘기 또는 대학시절 이런 이야 기를 들었다면 분명 '춤, 노래, 여행, 술자리' 등을 먼저 생각했을 것이 다. 하지만 대한민국 주부이자 아이 셋의 엄마, 사회인인 내게 이제 이 문장은 그렇게 해석되지 않는다.

　"욕심을 내려놓고, 재충전하자. 그리고 지금도 행복하고 미래에 다 시 생각해도 행복했었다고 느끼는 것들 위주로 즐기자."

　가슴이 다시 뛰기 시작했다. 이 가슴 두근거림의 의미를 깨닫게 되 었을 때 진리를 찾아낸 듯 웃었다. 늘 시간의 가치를 효율성에만 맞춰 살아온 나에게 '휴식은 나 자신을 더욱 잘 파악하고 여유를 가질 수 있는 시간이 아닐까?' 하는 생각이 들었기 때문이다.

너무 바쁘게 살아왔다. '시간에 끌려 다녔다'라는 표현이 더 정확할 것이다. 주식에서 단타매매를 하는 사람처럼 말이다. 지금 저글링하고 있는 공들이 떨어지지 않기만을 바라며 매순간을 살았다. 선택과 집중보다는 여러 가지 일을 동시에 진행하다가 큰 문제없이 진행되면 새로운 공을 추가했다.

점점 내 자신이 소진되어 가는 느낌이 들었다. 청춘은 머물러 있지 않고 계속 흘러 지나가는 시간인데 말이다.

'나는 하루 중 언제 가장 행복할까?'

'나의 꿈은 무엇일까?'

'내가 원한 것들은 무엇일까?'

이런 것을 물어보고 탐구한다는 것이 정말 사치인가? 단 한번이라도 내가 원하는 것, 잘하는 것, 소중한 것들을 나열해 본적이 있던가? 잠시 멈춰 서서 삶의 가치에 무게를 두고 세상을 바라봐야 할 나이가 된 것을 느꼈다. '직장을 그만두고 꿈을 찾아간다, 무작정 여행을 떠나자'가 아니라 내가 어떤 사람이고, 무엇을 하고 싶고, 무엇을 하며 살지 생각해 보는 시간이 필요하다는 것을 느꼈다.

잠시 덮어 두었던 인문학 책들을 다시 꺼내 읽었다. 진짜 나를 찾기 위한 여행에 동행해야 할 친구. 마음이 조금씩 열리는 거 같다. 수치화된 결과물보다는 수치화할 수 없을 만큼 소중한 일들을 위한 시간을 투자하자.

먼저 여유를 가지려면 '내려놓기'를 잘해야 한다.

시간과 돈에 대한 내려놓기는 필수!

교육의 방향성 또한 경제규모에 맞게 조정!

어떻게? 시간과 돈을 촌스럽게(?) 아니지, 예스럽게 살면서 확보하는 것이다. 즉, 인터넷을 가급적 삼가고, 쇼핑도 가급적 삼가고, 의미 없는 만남의 횟수는 줄이고. 주어진 시간을 그 어떤 것에도 구애받지 않고 자유롭게 사용할 수 있도록 말이다. 휴직까지 했는데 시간을 더 살 수는 없고, 수입은 한정적이기에 효율성을 높일 수밖에 없다.

휴식의 효율성도 중요하지만 질 또한 중요하다. 효율성만 따지다가는 휴식이 아니라 스트레스가 될 것이다. 휴식의 질을 높이는 방법은 단순하다. 하버드대 교수 탈 벤 샤하르가 쓴 《해피어》라는 책이 있다. 2년 전 그 책을 처음 읽었을 때 순간 노다지를 발견한 느낌이었다.

'현재도 행복하고, 미래에 추억해 보아도 행복을 느낄 수 있는 일을 하라!'

이 명제에 초점을 맞추는 것이다. 순간의 행복, 순간의 쾌락이 아니라 오래도록 인생에서 힘이 될 수 있는 것. 내가 가장 먼저 떠올린 것은 여행이었다. 여러분은 무엇을 떠올렸는가?

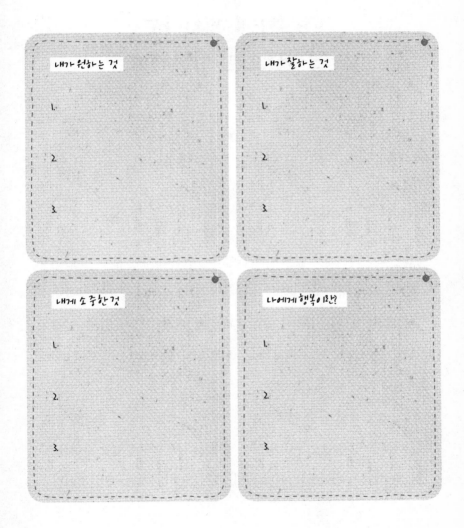

내가 원하는 것

1.

2.

3.

내가 잘하는 것

1.

2.

3.

내게 소중한 것

1.

2.

3.

나에게 행복이란?

1.

2.

3.

야심차게 계획하고,
열정적으로 실천하기

,

'평범한 삶이 꿈'이라는 남편과 나는 이제 보니 같은 꿈을 꾸고 있었다. 각자 자리에서 맡은 일을 책임지고 열심히 하는 부부, 밝고 건강하고 똑똑한 아이들. 다행히 회사에 '7~10세 아이의 부모는 무급여로 휴직할 수 있다'는 규정이 있었기 때문에 큰 무리 없이 쉴 수 있었다. 남편 또한 '둘이 벌다 혼자 버니 좀 알뜰하게 생활비를 쓰면 되지'라는 말만 하고 푹 쉬라고 했다.

그 순간부터 나를 어떻게 재충전할지, 아이들과의 이 소중한 시기를 어떻게 알차게 보낼지, 이것을 바탕으로 어떻게 행복한 가정을 꾸릴 수 있을지 머리를 바삐 돌렸다. 휴직은 분명 많은 것이 무너지고 바뀌고 변하게 되는 기간임에 틀림없다. 14년 만의 긴 휴가라 약간의 두려움도 있었지만, 분명 재미있고 즐거움도 많으리라. 설레는 마음으로 점프대에 올라 다이빙!

약 3개월 전부터 회사에 휴직계를 내기 위해 준비했기 때문에 그 사이 소문은 삽시간에 퍼졌다. 동료들은 그 시간을 어떻게 보낼 것인지 궁금해 했다. 나도 스스로 집요하게 질문공세를 퍼부었다.

먼저 휴식과 관련된 책들을 찾아 읽었다. 살면서 던질 수 있는 질문들에 대한 거의 모든 해답을 책에서 찾을 수 있으니까. '사춘기, 행복, 우선순위, 느림, 멈춤' 등의 단어가 들어간 제목의 책들을 50권쯤 읽었을 때 깨달은 것들을 적었다. 그리고 지금 당장 시작해야 하는 일들을 정리하기 시작했다.

회사 오래 다닌 사람 아니랄까봐 벌써부터 6개월을 체계적으로 나누어 관리하려 드는 내 모습에 피식 웃음이 나왔다. 누가 시킨 것도 검사하는 것도 아닌데, 우선 무엇을 하고 싶은지 큰 그림을 그리고, 우선순위를 매겼다. 그리고 휴직기간 중간 평가와 종료 평가를 어떻게 할 것인지 고민하는 동시에 '계획이 체계적이어야 지치지 않고 꾸준히 실천할 수 있다'라는 것을 누구보다 잘 아는 나이기에 또 한 번 웃음이 났다. 회사 다니며 매일 하던 일을 휴직기간을 어떻게 보낼까 계획을 세우는데 응용하고 있으니 웃음이 날 수밖에.

가랑비에 옷 젖는 줄 모르게 그렇게 아이들에게 다가가야 하는데, 난 늘 발등에 불이 떨어져서야 마음이 급해진다. 항상 응급상황에 투입되는 엄마의 모습으로. 얘들아, 미안! 우선, 회사를 다니면서 준비할 수 있는 것을 시작하기로 했다.

1. 함께 유럽배낭여행 떠나기

나는 6개월간의 휴가를 얻었지만, 남편의 일정이 미지수였다. 금전적인 압박 또한 무시할 수 없었다. 하지만 요즘 현빈이 선전하는 k2 광고카피처럼 '지금이 아니면 결코 만날 수 없을 시간'일 거라는 생각이 들었다.

초등학교 시절, TV에서 〈천사들의 합창〉이라는 프로그램이 한참 인기였다. 당시 나는 미국(어려서 그 프로그램의 배경이 멕시코인줄 모르고 미국으로 알았음)으로 이민을 갔으면 좋겠다고 생각했다. 단순하게도 모든 미국 초등학교가 다 그런 스타일인줄 알았고, 교복이 너무 예뻤기 때문이다. 부모님은 코웃음을 치며 말씀하셨다.

"TV라서 그렇지, 현실이 그런 줄 알아? 가고 싶으면 나중에 커서 가."

대학을 입학하고 1학년 겨울방학 친구와 함께 유럽으로 45일간 놀러가기로 했다. 그해 여름방학부터 론니 플래닛(여행가이드북)을 사들고 완벽하게 준비해서 크리스마스 전날 영국으로 뜰 생각이었다. 하지만 그해 10월 갑작스럽게 IMF가 터졌고 나의 꿈은 산산조각 났다. 이런 갈망은 신혼여행 때도 이루어지지 못했다.

허울 좋게 '가족여행'으로 시작된 계획이었지만, 사실 나의 오랜 꿈을 실현하고자 하는 사심(?)도 컸다. 휴직은 흔쾌히 허락한 남편이었지만, 이번 여행계획은 처음부터 난관이었다. '지금 이렇게 길게 쉴 때 아니면 언제 가겠냐며 너무너무 큰돈이 들지만, 통 크게 쓰고 몇 년 동안 보수작업을 해서 다시 가정의 경제를 되살리자'며 남편을 꼬셨다. 큰딸은 좋다고 방방 뛰었고, 남편은 '사대주의에 된장녀'라고 나를 비웃었다.

하지만 우리는 맞벌이기 때문에 내 목소리는 남편과 거의 같고, 경제에 대한 권한도 비슷하여 강력하게 밀어붙였다.

"지금 아니면 못 가. 우리가 더 늙으면 더 큰돈으로 보일 거야. 그럼 영영 나는 못간 것을 후회할지도 몰라. 복직하면 벌어서 갚을게."

결국 남편은 나의 간절한 소망에 마지못해 넘어갔고 OK 결정이 떨어졌다.

2. 끊임없이 발전하는 아내, 엄마 되기

아이들에게 사회생활을 하는 엄마의 모습을 보여주기 위해서는 노력해야 한다. 느지막이 늦잠 자고 일어나 동네 아줌마들끼리 하루 종일 몰려다니며 브런치 먹고, TV드라마 본방사수에 목숨 건 엄마가 아닌.

처음 계획처럼 실제 나는 책도 읽고, 공부도 하고, 글도 쓰고, 가끔 취미에 빠져 허우적거렸다. '엄마 책 좀 그만 읽고 집 좀 치워!'라는 딸아이의 핀잔을 자주 듣는 나는 아무래도 아직 소녀인거 같다. 소녀로 돌아가니 감수성이 충만해지고 작은 일에도 감사하고 행복해졌다. 늘어진 티를 입고, 잠이 안 온다며 새벽까지 책을 읽다 아침밥을 대충 챙겨 먹는 나는 어느새 여고생 권미정이 되어 있었다. 감수성이 받쳐주지 않으면 분명 사회생활에 어려움이 많다. 재충전해서 기회가 되면 다시 나는 사회로 나갈 워킹맘이다.

3. 일주일 계획 세우기

오롯이 나만을 위한 시간을 최대한 어떻게 즐길 수 있을까. 그동안 배우고 싶었던 것을 배우기로 결심했다. 도서관, 사회복지관, 백화점 문화센터 등 배우고 싶은 것을 저렴하게 또는 무료로 해주는 곳을 찾아서 수강신청을 했다. 우선 동네 도서관과 사회복지관에서 평일과 주말에 하는 부모교육을 주제로 하는 강연을 듣기로 하고, 핸드폰 일정에 추가해 놓았다.

매주 토요일 오전에는 대학원 수업을 들으러 간다. 새로운 멤버들과 함께 공부하는 재미에 빠진 나는 스스로 나날이 발전하는 거 같아 뿌듯하다. 또 그 동안 읽고 싶었던 책들을 읽고, 일주일에 2~3일은 30분씩 동네 산을 등산 겸 산책하기로 했다.

4. 바쁜 아내가 아닌 여유 있는 여자로

항상 눈코 뜰 새 없이 바빴으므로 남편과 카톡을 할 때 '했음'으로 마무리되는 것이 익숙했다. 마치 함께 회사프로젝트를 진행하는 여전사의 모습으로 무탈하게 일이 잘 진행되는지에만 초점을 맞추고 살았다. 이런 아내의 모습으로 12년간 살아왔나를 생각하니 불현듯 많이 아쉽다. 휴직기간 동안만이라도 신랑과 연애할 때처럼 감수성 넘치는 여자로 살고 싶다는 생각을 했다.

나는 한 남자가 사랑하는 여자다. 그래서 그 남자가 평생 죽도록 일해서 벌어 먹이겠다고 오늘 아침도 대문을 나서는 것을 너무도 당연시 여기는 여자다. 사실 당연한 게 아니라 참 감사해야 하는 일인데 말이다. 그동안 맞벌이를 해오기는 했지만, 여자니까 아내니까 6개월 휴직이 가능했던 것이지, 재충전하겠다고 남편이 6개월간 무급 휴직계를 내겠다고 하면 세상의 어떤 아내가 흔쾌히 그렇게 하라고 대답할 수 있다는 말인가. 이런 달콤한 휴식을 가능하게 해준 나의 영원한 벗 남편!

부부가 연인처럼 오래 사는 법(유대감, 공감력, 대화법 등), 늘 감사하고 서로 아끼며 사랑하는 법에 대해서도 공부하고 습관화하는 시간이 필요하다. 이런 방법들을 배워서 남편과 더 즐겁게 연애하듯이 살고 싶어졌다.

아이 낳고, 모유수유에 기저귀 갈아주느라 아내의 모든 자리를 아이들에게 내준 남편. 신혼 때처럼 남편의 팔짱을 끼고 서 있는 게 기분이 좋아지는 요즘이다.

5. 사춘기 때 하지 못하면 평생 할 수 없는 것

가장 먼저 생각난 것이 키다. 사춘기 전후로 아이들은 급성장한다. 이때 케어해주지 못하면 평생 후회할지도 모른다. 엄마표 식단으로 아이랑 소꿉장난하듯이 만들어 먹이고, 사춘기 성장 관련 책들을 읽으면서 어떻게 식단을 짜야할지, 어떤 운동을 시킬지 등을 고민해 보기

로 했다. 학교에서 개최하는 성장 관련 학부모 설명회와 세미나 또는
지역 프로그램에 참가하여 정보를 수집하기로 했다.

6. 아이의 말에 공감하며 소통하기

아무리 아이들의 말을 잘 들어주고 싶어도 맞벌이를 할 때는 무언
가에 늘 쫓기는 것 같은 느낌이 들었고 실제 시간도 부족했다. 아이들
의 마음에 귀 기울려줄 여유가 없었던 것이다. 아이가 머뭇거리며 말
을 하면 빠르게 핵심적인 것만 묻고, 결론부터 먼저 말했다. 뭐가 그리
바쁜지 그날 해야 할 일은 그날 해야 직성이 풀렸으므로 번갯불에 콩
구어 먹으며 하루하루를 살아온 것이다.

아이가 놀이터에서 마음껏 놀고 싶다고 해도 일정시간이 지나면
친구와 강제로 이별시키고 닦달했던 내 모습, 아이가 묻는 말은 건성
으로 들으면서 미친 듯이 집안일을 해치우는 내 모습 등이 떠올랐다.
엄마(할머니)가 나를 대신해 아이들에게 많은 것들을 채워주었겠지
만, 늘 아쉬움으로 남아있었다.

그래서 쉬는 동안만큼은 아이들 유치원, 초등학교 생활 이야기도
미주알고주알 다 들어주어야지 하고 다짐했다. 그동안 자주 표현하지
는 못했지만, 사랑한다는 것과 언제나 응원하고 있다는 사실도 알려

주고 싶었다. 굶주렸던 우리 아이들에게 엄마 냄새 팡팡 풍기며.

도서관에서 책을 함께 읽는 엄마로.

나들이 나가서 여유롭게 시간을 보내고 간식을 함께 먹는 엄마로.

준비물도 대신 사다주고, 놓고 간 과제물도 학교에 2교시까지 갖다 주는 엄마로.

위기상황이 닥치면 언제나 전화 받을 수 있는 엄마로.

이런 재미에 흠뻑 빠지고 싶었다. 누구에게는 너무나 당연하고 소소한 일상들이지만, '아이 셋 워킹맘'이라는 타이틀을 가지고 있는 나에게는 늘 부러운 일이었다.

7. 엄마표 공부와 자기주도학습법 전수

크게 영어 공부, 유럽 관련 주제별 독서(유럽여행 계획을 세웠으므로), 아이와 함께 책 쓰기라는 3가지 테마로 정했다.

영어 문법을 어떤 책으로 가르칠지 서점에서 반나절 동안 고르고 있었다. 그러다 발견한 아주 쉬운 문법책! 중학교 시절 친구들이 《맨투맨》과 《성문》으로 영어공부를 할 때 나는 더 재밌고 쉬운 책을 원했다. 내 눈높이와 실력에 맞는 책을 찾다가 드디어 찾게 되었는데, 그 이후로 쉽게 문법을 접할 수 있게 되었다. 이 책 역시 우리 딸아이에게 그렇게 다가가길 바라며 샀다.

'유럽여행 가기로 했으니까 미리 유럽여행지나 미술 관련 공부 좀 하고 가야 한다고 하면 아이들이 좋아할까? 싫어할까?' 이런 고민으로 며칠을 보내다 서점에서 '주제별 독서법'을 소개한 책을 보게 되었다. 한 가지 주제로 책을 다독과 정독을 하고 감상문, 일기, 요점정리를 하면 좋다는 것이다.

그중 관련 주제를 중심으로 직접 책을 써본다면 정말 더없는 소중한 기억으로 남을 것이라는 글을 보게 되었을 때 결심했다. 아이들과 여행을 다녀온 후에 책을 쓰자. 나는 큰아이에게 어떠냐고 의견을 물었더니, 좋다고 했고 이렇게 주제별 독서를 시작하였다.

8. 자존감 세워주기

방과 후 시간 쓰는 법에 대해 가르쳐주고 습관화시켜 내가 복직한 뒤에도 아이가 스스로 시간 관리를 잘할 수 있도록 도와주기로 했다. 이 방법은 학교 성적에도 도움을 주고, 나중에 사회에 나가서 일을 할 때도 긍정적인 영향을 미칠 것이다. 또한 실패했을 때도 극복할 수 있고, 한발 늦게 시작했어도 따라잡을 수 있다는 것을 알게 될 것이다. 자기가 해본 경험은 잊지 않으니까. 나 스스로를 관리하고 제어할 수 있다는 것이 가장 큰 자존감이 아닐까?

9. 아이와 추억 쌓기

아이들과 즐겁게 놀아주되 추억과 의미를 남겨 줄 수 있는 방법을 고민하고 있다. 어른이 되어 살면서 '우리 아빠는 어떤 사람이었나?'를 생각할 때 꺼내볼 수 있는 보물들을 선물하고 싶다.

'아빠가 인라인 스케이트, 두발 자전거 타기를 한강공원에서 가르쳐주셨지.'

'아빠가 나랑 이렇게 공부했었지.'

'아빠가 나랑 단둘이 여행 갔을 때 라면을 끓여주고, 춥다고 하니까 옷도 벗어 덮어주셨지.'

'아빠랑 보물찾기를 했었지. 보물 10개를 찾으면 좋은 거 사준다고 약속했었지.'

보물1. 아빠는 너를 너무 사랑해

보물2. 아빠는 너가 웃을 때 가장 행복해

보물3. 아빠는 우리 가족을 가장 소중하다고 생각해.

…

6개월의 휴직기간은 텅 빈 지갑을 선물할 것이다. 시장에서 당근을 하나 살 때도, 예쁜 코트를 사고 싶을 때도 평소 세 번 생각을 했다면 열 번을 생각해야 될 것이다. 하지만 하나를 잃으면 하나를 얻는 것이 세상의 이치다. 대신 우리 가족은 더 화목해지고, 내 미래 방향성은 견고해질 거라 믿고 있다.

목표가 생기면 그것을 달성하기까지 단계별로 평가하고, 개선책을 마련하여 효율적으로 이루는 것이 좋다. 회사생활을 오래해서 그런지 연단위, 분기단위, 월단위, 주단위, 일단위 계획을 작성하는 것이 어렵지 않았다. 일명 '휴직기간 꿈리스트'다.

꿈리스트 평가항목은 크게 2가지로 분류했다. 나를 위한 시간과 가족을 위한 시간으로 나눠서 어떻게 지냈는지 평가하는 것이다. 나를 위한 시간은 평소 생각해왔던 꿈리스트로 채웠고, 가족을 위한 시간은 아이들과 함께 협의하여 정했다. 아이가 평소 함께하고 싶어 하던 것에 힘을 실어주면 즐거운 시간을 보낼 수 있다. 휴직기간에는 일기를 쓸 예정이다. 꿈같은 시간들을 흘려보내기보다는 시간이 지나 방전이 되었을 때 다시 꺼내 읽기 위함이다.

1. 혼자 또는 엄마와 둘이 여행하기
2. 독서 100권
3. 동네 아줌마들 번호 5명 이상 추가하기
4. 일주일에 두 번 이상 오전 산책하기
5. 인터넷, SNS 사용 안 하기(1주일에 3회 이하, 1회당 1시간 미만)
6. 나 홀로 라운징(Alone with Lounging)
7. 대학원 수업 외 활동 참여하기(식사, 체육회, 원우회 등 참석)
8. 책 쓰기
9. 부모교육 관련 설명회, 세미나, 워크샵 등 참여하기(10회 이상)

♥ 가족을 위한 시간

1. 사랑한다는 말과 표현 자주 하기
2. 학교 공부 지도 및 자기주도학습 지도
3. 매일 신문 스크랩하기
4. 가족 봉사활동 하기
5. 아이가 하고 싶은 운동/학원 다닐 수 있도록 지원해주기
6. 합리적 소비 익히기, 원하는 고가품은 협의해서 사기
7. 매주 책 5권 이상 읽기
8. 컴퓨터 활용능력 향상시키기(엄마와 같이 파워포인트, 엑셀, 워드 연습)
9. 아이 친구들 집에 초대해서 놀기
10. 학교 선생님과 상담하기
11. 엄마표 음식 만들기
12. 매일 출근하는 남편에게 포옹과 뽀뽀해주기

2장

엄마 충전
-놓치고 살아왔던 것들

미루어 왔던 일을 시작하다

,

엄마와 단둘이 여행가기

5남매를 낳아 대학을 모두 졸업시키고 내 곁에서 우리 아이들을 그동안 건강하게 키워주신 우리 엄마. 나는 그동안 어색해서 그 고마움을 많이 표현하지도 못했다. '그냥 내 마음을 아시겠거니……' 했던 것 같다.

휴직계를 내고 나서는 모든 것을 제치고 제일 먼저 1주간 연속으로 엄마와 단둘이 놀러 다니기로 했다. 남산 둘레길도 가고, 63빌딩도 가고, 엄마가 가보고 싶다는 곳으로 우리는 매일 아침 아이들과 남편이 나가면 바로 물병 하나씩 들고 집을 나섰다. 그렇게 2주를 보내고, 핸드폰에 찍힌 사진 속 엄마의 밝은 미소를 보는데 괜히 눈물이 났다.

'뭐가 그리 바쁘다고 이렇게 살아왔나. 엄마의 우선순위는 나였지만, 나에게 엄마는 우선순위가 아니었지. 이 핑계 저 핑계 대면서. 못난 딸이라 미안해.'

엄마는 거창한 것이 아니라 이런 것이 효도라며 요즘 즐겁다고 하셨다. 뭐든 몰아서 해주는 딸이기에 엄마는 알고 계셨다. 다음번에 또 이런 기회에 쉽게 오진 않는다는 것을. 그래서 나는 더 미안해졌다.

"엄마는 그래도 지금 너무 행복해!"

엄마를 모시고 산 그 많은 시간 속에 이렇게 환하게 웃는 시간은 별로 없었던 것 같다.

'내 자식만 바라볼 줄만 아는 이 못난 딸이 뭐가 예쁘다고 맨날 참고 응원해줬어?'

"너무 돈 많이 쓰지 말고 이렇게 가까운 곳이라도 자주 놀러 가자."

"아니야, 엄마 다음에는 멀리 여행 가자."

나는 속으로 운다. 그리고 복직 전에 엄마랑 다시 한 번 여행을 가겠다고 다짐했다. 무심하기 짝이 없었던 나는 처음으로 이런 종류의 행복을 깨달았다. 시집가기 전 엄마의 딸로 돌아가 순수한 여대생이 된 거마냥 그렇게 편할 수 없었다. 엄마의 따뜻한 품에 안겨도 보고, 어깨에 기대도 보고, 팔도 감아 보았다.

아마 엄마는 사위, 손주들과 함께 놀러갔을 때 온전히 즐기지 못했을 것이다. 아이들 뒤치다꺼리와 혹여 다칠까 신경 쓰다 보면 마음이 편했을 리 없다. 하지만 이번 여행의 주인공은 '엄마'니까, 엄마의 얼굴이 그렇게 빛나 보일 수가 없었다. '내 딸이랑 가니까 신경 쓸 것도 없고, 눈치 볼 것도 없기 때문이겠지?'라는 생각이 나의 한계다. 그 이유는 아마도 내가 우리 엄마 나이가 되었을 때 자연스럽게 알게 될 것이다.

여행을 다녀온 후, 엄마는 친정집으로 돌아가셨다. 가시는 길을 배웅하러 가는데, 콧등이 시큰했다. 아이들이 "할머니, 빨리 또 오세요!" 하며 엉엉 운 덕분에 묻어서 조금 같이 울 수 있었다.

11월, 엄마의 생신날이었다. 엄마가 원하는 것이 어떤 여행인지 캐치하게 된 나는 언니들과 함께 엄마를 모시고 대천 바다로 떠났다. 누군가의 할머니로 누군가의 엄마로 살던, 엄마와 우리 자매들은 시집가기 전의 모습으로 돌아가 자유롭게 홀가분하게 시간을 즐겼다.

"엄마, 이번 여행 어땠어?"

"최고였어!"

"나도. 엄마가 사준 핫도그 너무 맛있다. 추억의 핫도그. 다음에 또 우리 어디 갈까?"

"오랜만에 부곡하와이 한번 가보자."

"그래, 또 우리끼리만 가자."

언니들도 모두 좋다고 했다. 다음을 기약하며 차를 탔는데, 엄마가 좋아하는 뽕짝테이프를 가져오셨다며 트셨다. 차에서 흘러나오는 뽕짝 음악. 어릴 적 거실에서 뽕짝을 틀어놓고 빨래하던 엄마의 모습이 오버랩되었다. 집으로 돌아와 핸드폰으로 찍은 사진을 인화해 앨범에 잘 꽂아두었다. 엄마가 그 사진을 보고보고 또 볼 테니까.

좋은 엄마 되기 교육프로그램참여 및 독서

워킹맘이었으므로 낮에 하는 부모교육 세미나나 강연회에 참여할 수 없었다. 항상 아쉬웠는데 '이제 집에 있으니까, 나도 할 거야'라며 잽싸게 교육프로그램을 알아봤다. 동네 도서관에서 개최하는 무료 또는 저렴한 강연회가 많다는 것을 파악하고, 등록하기 시작했다. 강사가 쓴 칼럼이나 집필한 책 또는 그와 유사한 책이 있으면 찾아보면서 오전은 독서를 하면서 보냈다. 유치원에서 오는 막내아이를 귀가시키기 위해 나서기 전까지 말이다.

도서관 강연을 들으러 갈 때마다 강사에게 질문을 던져 우리 아이들의 상황에 바로 적용할 수 있는 답을 구해 오려 노력한다. 지금껏 아이들을 키웠지만, 끊임없이 노력하지 않으면 원점으로 돌아가 있는 스타일이라 늘 '좋은 엄마 되기 교육'이 절실히 필요하다. 이런 것을 보면 다이어트에도 요요현상이 있듯이 육아에도 요요현상이 있는 거 같다.

지난번 자녀감성코칭에 이어 초등학교 사춘기 아이들의 성장과 관련된 강연에 참석했다. 명강사답게 콕콕 중요정보만 잘 간추려서 재밌게 강의하신다. 필기구를 들고 써머리를 해서 핸드폰으로 찍어두고 남편에게 그날 밤 전달한다. 같은 방향으로 가야 하는 내 반쪽이니까. 그리고 놀이터에서 만난 동네 아줌마 중 오늘 강의에 불참한 분들께 카카오톡으로 자세한 설명과 함께 자료를 공유해준다.

주말에는 6주간 아이와 엄마가 함께 참석하는 1:1 부모자녀대화 교실에도 참석해 큰아이와의 대화패턴도 점검 받았다. 물론 도서관 주관 프로그램이다. 사회복지관 주관으로 6주간 진행되는 학부모 감성코칭이라는 프로그램도 있어 거기에도 참석했다.

비싼 돈을 주고, 먼 거리를 가지 않아도 주변에 다양한 프로그램이 개최되고 강의가 열리고 있다. 그래서 아이들을 키우는데 필요한 것이면 시간을 내서 꼭 들으려 한다. 책보다 더 좋은 것이 강연임을 알기에. 폭넓게 듣고 필요한 부분만 Q&A시간에 맞춤형 질문을 할 수 있다는 것이 가장 큰 장점이다. 다양한 육아 관련 책과 강연을 접하다 보면 공통점이 발견되는데, 항상 감성적 측면에서의 '정서적 지지, 자존감, 사랑'이 중요하다는 것이다. 이미 잘 알고 있지만 평소 흘려듣는 이야기들이다.

도서관에서 오는 길에 마트를 들러 장을 본다. 막내에게 만큼은 어떤 지식을 전하기보다 함께 시간을 보내면서 유대감을 느끼고 이야기에 귀 기울여주는 엄마로 이번 휴직기간을 보내기로 다짐한 것은 정말 잘 결정한 거 같아 기분이 좋아진다.

그리고 이렇게 공부해서 얻게 된 정보를 정리해서 하나의 책으로 묶어둘 생각이다. 어떻게 내 스타일로 소화해서 전할지 고민 중이다. 우리 아이들도 크면 엄마에게 배운 방식대로 아이를 낳아 키울 것이다. 고로 나부터 바뀌어야 한다.

아이와 일대일 놀이

도서관에서 책을 읽다 한 글귀를 보고 충격을 받았다.

'무심한 엄마가 왕따를 만든다'

깊은 생각에 빠졌다.

'친구를 사귀고, 남을 배려하는 방법을 가르쳐 주어야겠다. 대인관계가 좋고 인기가 많은 아이들은 친구랑 함께 어울리고 문제가 생겼을 때 합리적으로 풀어가는 방법을 알고 있구나!'

태어날 때부터 친화력이 좋은 아이를 둔 엄마에게는 강 건너 불구경 같은 것이겠지만, 85%가 넘는 아이들이 인간관계로 고민해본 적이 있다는 보고 결과가 말해주는 것처럼, 인간관계 문제는 많은 아이들과 엄마들의 고민이 아닐 수 없다.

엄마들끼리 있을 때 어떻게 하면 아이들까지 친해질 수 있도록 환경을 조성하는지 궁금해졌다. 지금까지는 동네 엄마들 모임은커녕 학교 학부모 모임에도 참여하기 어려웠다. 그렇다고 '아직 늦지 않았어. 지금부터라도 치맛바람이란 무엇인지 알려주겠어!' 할 수는 없었으므로 책을 끝까지 정독했다.

알면 뭐하나? 적용을 해야지! 특히 부끄럼쟁이 우리 막내에게 아주 적당하다. 유치원에서 귀가시키면서 마주친 우리 아이가 좋아하는 아이 엄마에게 말을 건다.

"안녕하세요. ○○엄마예요. 요즘 우리 ○○가 △△이야기를 많이 해요. 재밌게 놀았다면서요. 시간 되실 때 저희 집에 놀러 오셔서 차 한잔해요. 아이들은 아이들끼리 잘 노니까요."

이런 식으로 일대일 놀이를 진행하면 된다. 여러 아이들을 돌아가며 초대하면서 친분을 만들면 된다. 반드시 주의해야 할 점은 1~2시간 정도, 초대하는 친구의 수는 1명으로 제한한다. 일대일 놀이에 충분히 익숙해지면 여러 명의 친구를 불러도 되지만, 아이와 내가 아직 미숙하다면 그러지 않는 것이 현명하다. 보통 아이가 오면 엄마도 세트로 온다. 그러면 엄마는 엄마들끼리, 아이는 아이들끼리 놀면 된다.

실제 놀이터에서 아이와 비슷한 또래의 엄마들과 차 한잔 하기로 하면서 만남의 횟수를 늘리니, 금세 친해졌다. 워킹맘이라서 동네에 아는 엄마들이 한 명도 없다면 적극적으로 일대일 놀이를 추천한다. 아이와 엄마 모두 매우 높은 만족감을 얻을 수 있을 것이다. 약간 익숙해진 거 같아 여러 명의 친구를 함께 초대해 보았더니, 책에 나온 것처럼 친밀감을 쌓기 조금 어려웠다.

이때 아이 친구의 엄마는 나와 아이의 호감도와 신뢰도에 따라서 정서적 지지자가 될 수도 있고, 도움적 지지자가 될 수 있다. 정서적 지지자는 마음으로만 '그 사람은 내 편이야' 하는 것이고(가족, 멀리 있는 친구 등), 도움적 지지자는 실질적인 도움을 주는 사람을 뜻한다. 예를 들면, 아이가 우산 없이 등교한 날 갑자기 비가 오는데, 같은 아파트 단지에 사는 아줌마가 자기 딸을 데려오면서 차로 같이 데려다 주는 것이다. 정서적 지지자는 눈인사와 립서비스로도 만들 수 있지만, 도움적 지지자는 그렇지 않다. 그래서 아이들이 초등학교에 입학하면 워킹맘들이 휴직 또는 퇴사를 한다. 이 기회에 정서적 지지자인 동시에 도움적 지지자가 되어 바람처럼 아이들 곁을 지켜 줄 것이다.

노후인생설계하기

남편은 항상 내 곁에 두고 싶은 소중한 사람이다. 무엇인가에 막혀 힘들어할 때도 묵묵히 옆에 있어준다. 닮고 싶은 점 또한 많다. 내가 "여보, 동시에 생을 마감하는 건 어때? 나는 좋은 거 같은데"라고 하면 "조금 있다가 마누라가 뒤따라와야지"라고 한다.

마흔이 넘어가니, 남편 머리에 흰머리가 난다. 뽑지 않고 자연스럽게 두기로 했다. 우리의 다가올 노년도 이렇게 자연스럽게 받아들이고자 한다.

며칠 전 도서관에서 주관한 한 강연회를 갔는데, 강사가 '자신의 꿈 3가지를 말해보라'고 했다. 나는 맨 뒷자리에서 숨죽이며 지켜보았다. 노인 한 분이 손을 들고 말씀하셨다.

"일을 하고 싶고, 학문을 닦고 싶고, 남편과 사랑하며 살다 죽고 싶어요."

나는 이 3가지를 모두 실천할 수 있는 일을 노후 직업으로 찜해두었다. 그간 우리 부부의 취미와 장점을 살리기로 했던 것. 남편은 자기는 그 분야에 자신이 없을 뿐만 아니라 취미도 없다고 했지만.

건강만 허락한다면 난 남편과 한곳에서 행복하게 노년을 맞이할 수 있는 일을 하고 끊임없이 공부할 것이다. 에너지를 한 방향으로 모아서 한 단계씩 준비해 간다면 어렵지 않을 것이다. 얼마나 효과적으로 체계적으로 꾸준히 실천하느냐가 중요하다는 것도 아는 나이이기에 성급히 뛰지 않는다. 급히 뛰면 얻을 수 있는 것도 잃어버릴 수 있다.

미래의 일 또한 지금 하고 있는 일과 연관된 것이 많기에 현업에 충실할 것이다. 지난해 정년보장 관련법이 통과되면서 남편에게 정년까지 회사에 열심히 다니라고 했다. 나는 관련 분야의 학문을 닦기 위해 대학원을 진학했다. 지원사격을 해주는 남편 덕분에 재미있게 공부하고 있다. 누구보다 나를 잘 아는 남편이기에 그의 지지가 더욱 든든하게 느껴진다. 그래서 노년에 같이 동업해서 벌어먹기로 했다.

김치 직접 담궈먹기

결혼 후 처음 집들이 때 우리 부부는 대야 큰 것 1개, 중간 것 1개를 사서 6가지 종류의 김치를 담그기로 했다. 요리책을 펴고 가사 실습하는 학생처럼 정확한 수치를 넣고 숙성시켰는데, 친구들의 식후 품평은 대단히 좋았다. 그중 한 친구는 호텔 한식 요리사였는데, 배추김치를 어떻게 담근 것이냐고 묻는 통에 할 수 없이 요리책을 공개할 수밖에 없었다.

첫 성공을 자축하고, 우리는 들떠서 두 번째 김치를 담갔다. 하지만 두 번째는 실패했다.

'아, 이 맛이 아닌데!'

이후 세 번의 출산과 육아를 핑계로 김치만큼은 시댁과 친정에서 공수해 먹었다. 그렇게 10여 년이 지나니, 우리 집은 시댁김치를 좋아하는 팀과 친정김치를 좋아하는 팀으로 나뉘게 되었다. 그래서 김치통에 날짜와 김치생산지가 적힌 메모를 붙여놓는 일이 다반사가 되었다.

무슨 바람이 불었는지 어느 날 김치를 담궈 먹고 싶어 한 포기로 도전해 보았는데, 가족들 모두 나 혼자 먹으라고 했다. 이 사건은 내게 큰 충격을 주었다.

'맛있기만 한데, 왜 그러지?'

이들의 길들여진 김치맛을 엄마표로 바꿔야겠다는 생각이 들었다. 휴직기간 동안만큼은 김치를 스스로 담그자. 김치 독립선언! 휴직 후 4주가 되는 날, 동네 마트에서 김치 재료를 사며 마트계산대 직원분들께 '쉽고 빠르고 맛있게 김치 담그는 노하우'를 전수받았다. 나는 배운 방법대로 김치를 절이고 양념을 만들고 익혔다. 맛은 기가 막혔는데, 이번에도 나 혼자만 좋아했다.

유럽여행 후, 다시 한 번 배추김치 담기에 도전했으나, 내가 먹어봐도 별로였다. 그래도 굽히지 않았다. 한 달도 되지 않아 열무김치 담기에 도전했다. 막내와 장 보러 갔다가 어느 50대 아주머니께서 카트에 가득 열무를 넣는 것을 보고, 갑자기 열무김치가 먹고 싶어졌다. 냉큼 아줌마에게 다가가 물었다.

"아주머니, 이 열무 좋아요?"

"응, 이거 내가 사다가 만들었는데 맛있더라고. 그래서 오늘 또 와서 사가는 거야. 더 담그려고."

"어머, 그럼 저도 사야겠네요. 근데, 열무김치 어떻게 담그면 맛나요? 제가 초보라서요. 하하."

"배 하나 갈아 넣고, 열무 2단, 겉절이 한 단, 마늘, 생각, 까나리액젓, 밀가루 풀, 고춧가루 넣어서 담그면 돼. 담그고 이틀 뒤 냉장고에 넣고."

"감사합니다."

하지만 그날 산 열무는 내게 큰 걱정거리만 주고, 이틀 동안 집에서 묵었다. 3일째 되는 날 아이들이 이야기했다.

"엄마, 김치 안 담가?"

"응, 오늘 밤에 담글 거야. 아침에 아줌마들이랑 커피 마셔서 잠이 안 올 거 같거든."

잠시 시간을 번 뒤 인터넷에서 열무김치 레시피를 서치하고 그대로 담갔더니 맛있다. 머지않아 가족들의 열무김치 품평회가 열리겠지만 내 입맛에는 맞다. 총각김치, 깍두기, 갓김치 할 것이 많다. 종류가 많으니 몇 가지는 실패해도 괜찮다. 직접 만들어 먹을 생각을 하니 재밌다.

엄마표 간식 들고 아이들과 도서관가기

고등학교 시절 도서관에서 혼자 아침부터 밤까지 공부하면서 항상 부러운 것이 하나 있었다. 엄마랑 같이 와서 공부하는 친구들이었다. 친구들끼리 오면 자기들끼리 낄낄거리다가 시간 낭비도 많이 하는 데 반해, 엄마랑 오는 친구들은 조용히 책도 읽고, 맛있는 간식도 많이 먹는다. 그 모습이 너무 부러웠고, 내가 크면 아이들과 저렇게 해야지 했었다.

다행히도 우리 아이들은 학교 끝나면 도서관에 와서 책 읽는 것을 좋아하기에 엄마표 간식을 싸가지고 가 함께 책도 보고, 맛있게 먹었다.

참 뿌듯했다. 아이들과 도서관에서 지내는 것은 행복 그 자체였다. 양서를 골라 아이에게 권해주고, 아이들이 읽은 책 반납해줄 때의 기쁨이란. 하지만 도서관에서 빌린 책을 들어주느라 팔이 빠질 지경이었다. 엄마표 간식을 해서 배달하기도 만만치 않았다. 팔도 아프고 요령도 피우고 싶고.

'낭만을 유지한다는 것이 얼마나 어려운 일인가!'

7~8월 2개월간 하다가 우리 아이들이 내가 해온 간식보다 도서관

옆에 있는 파리바게트 빵을 더 좋아한다는 것을 발견했다. 그때쯤 유럽 가면 빵도 먹어야 하는데, 우리나라 빵이랑 어떻게 다른지 사먹어 보고 가자고 했다.

유럽여행을 다녀와서는 시차 적응하느라 힘들었고, 막내가 아파 집에 한 달간 있게 되면서 엄마표 간식 들고 아이들과 도서관을 가는 날보다 집에 있는 시간이 더 많아졌다. 11월이 되자 날씨는 쌀쌀해졌고, 막내딸은 유치원 하원 뒤 놀이터에서 4시까지 놀다오기를 밥 먹듯 하게 되었다. 어쩌다 이렇게 또 길을 잘못 드는지 모르겠지만, 막내가 하자는 대로 하며 즐겁게 하루하루를 보내는 엄마가 되어 있었다.

생각해보면 나는 참 사소한 것에 감동하고, 방향을 잘 잃는 엄마다. 하지만 고등학생 시절 꿈꿔왔던 것을 몇 개월간 하면서 나는 물론 아이들이 한 뼘 성장했음을 느꼈다. 힐링이라는 것이, 충전이라는 것이 어떤 일을 후다닥 했을 때 이루어지는 것이 아니라, 일상에서 행복을 느끼고 계획한 일을 꾸준히 실천하는 과정 속에서 이루어진다는 것을 배웠다.

오랜만에 고등학교 친구를 만났다. 그 친구는 대학 졸업 후, 지금까지 대기업을 다니다 작년 하반기부터 올해 초까지 육아휴직을 냈다고 했다.

"무슨 일 있어? 왜 갑자기 휴직을 했어?"

"그냥, 잠시 좀 쉬어 가야 할 거 같았어."

휴직한 후에 친구는 회사 근처로 자주 놀러왔다. 점심시간에 친구와 함께 회사 근처에서 만나 밥도 먹고, 커피도 마시면서 고등학교 시절로 돌아가 끈끈한 유대감을 느낄 수 있었다. 그 후 나는 소소한 감정교류를 친구와 카톡 또는 전화로 하게 되었다.

나의 첫 번째 책 《불량엄마》가 나오던 날, 내가 처음 강연하던 날 응원해주던 친구. 지인들과의 일대일 만남의 소중함을 일깨워준 친구에게 고맙다. 덕분에 소중한 것을 많이 깨달았다. 그 후 살면서 바빠 자주 못 만났던 친구와 지인들을 한 달에 한번 만나는 것을 계획했다.

인생의 멘토, 초중고 동기들, 우리 형제자매들. 이들이 보고 싶다. 용건이 있어야 전화하거나 만나는 것이 아니라, 소중한 휴식시간을 함께 보내고 싶은 이들이다.

"언제든 와. 오면 맛있는 밥 사줄게."

나는 이들이 있어 너무 행복하다. 만나면 기본이 3시간이다. 옷을
대충 입고 있든 생얼이든 나를 항시 기쁘게 맞이하는 이들이다. 약속
을 잡고 나면 그날이 기다려지고 설레는 건 만나는 사람이 좋기 때문
이다.

'만나면 이야기보따리 가득 풀고, 또 다른 이야기보따리를 만들며
또 한해를 보내겠지. 먹고살기 바빠서 자주 못 만나도 우리는 언제나
서로를 지지해주는 사이니까 괜찮아. 건강하게 우리 항상 행복하게
살자.'

주변에 좋은 사람들을 둔 것만큼 행복한 일이 있을까. 웃고 또 웃
으며 행복한 시간을 보내고 온다.

낯선 곳에서 나를 마주하다

,

3년간 휴직을 하다가 이번에 복직하는 초등학교 친구에게 전화를 했다.

"나 이번에 휴직했어. 휴직 선배로서 나한테 해주고 싶은 말 없어?"

"육아에만 신경 썼지 나 혼자만의 시간은 보내지 못했어. 나를 오롯이 돌볼 시간이 없었던 거. 지금 생각하니 그게 참 많이 아쉽다. 넌 그러지 마."

문학소녀였던 그 친구는 6학년 때 나와 죽이 잘 맞아 늘 붙어 다니던 친구였다. 학교를 마치고 친구네 집에서 오락을 했는데, 다른 중학교에 가면서 잠시 멀어졌다가 같은 고등학교를 배정받으면서 다시 친해졌다. 이후에도 친구와 나는 서울에서 초기 동거생활을 할 만큼 매우 친하게 지냈다.

친구가 아쉽다고 말한 '혼자만의 시간'을 어떻게 가질 것인가 고민하게 되었다. 아이를 키우며 알게 된 심리사님의 조언을 받아, 나는 혼자만의 시간을 어떻게 가질 것인지 구체적인 계획을 세우게 되었다.

거울 앞에서의 명상

외출 후 집에 와서 옷을 갈아입다가 거울에 비친 내 모습을 보며 한동안 앉아 있을 때가 있다. 아무 생각 없이 적막함 속에서 나를 지켜보는 것이다. 거울 앞에서 멍을 때릴 때면 가족들은 '또 시작이다' 하고 지나간다.

처음에는 한 달에 한두 번 거울 앞에서 멍 때리기를 몇 시간씩 즐기는 것이 치유의 힘이 있다는 것을 몰랐다. 그리고 거울에 비친 내 모습이 친구처럼 나타나 호의적인 말과 몸짓으로 나를 지켜주는지 몰랐다.

몇 년 전 MBTI 해석 전문가가 나의 MBTI 테스트 결과를 보고 했던 말이 떠올랐다.

"가끔 거울 앞에 앉아서 오랫동안 바라보고 계시나요? 거울 명상을 통해 에너지를 얻는 유형이시네요."

나는 깜짝 놀랐다.

'가족 외에는 이걸 아는 사람이 없는데 어떻게 아셨지?'

집으로 돌아와 인터넷에 '거울명상'이란 단어로 검색을 해보았다. 그러다 오쇼 라즈니쉬의 《명상여행-지금 이 순간을 온전히 사는 법》 책 중 거울 명상부분을 정리한 블로거의 글을 보게 되었다. 간단히 요약해보면 다음과 같다.

거울 앞에 서서 거울 속의 내가 거울 밖의 나를 보고 있다고 느끼면, 지금까지 밖으로 흘러나간 에너지가 고스란히 내면으로 되돌아와 하루가 놀랄 만큼 활기차고 생기발랄해짐을 느낄 수 있다. 에너지가 돌아오게 만들면 에너지의 순환이 완성되어 휴식을 가져오고, 자신을 중심에 존재할 수 있게 해주며, 강한 힘을 갖게 된다고 한다.

이런 이론을 접하고 나니, 그동안 내가 했던 행동이 거울 명상이었고, 그 효과를 보고 있었구나 싶었다. 실제로 거울 앞에 앉아, 나를 멍하니 침묵하고 응시하고 있으면 거울 속의 내가 거울 밖의 나를 보고 있다고 느껴지면서 밝게 미소가 지어지고 마음이 편안해짐을 느낀 적이 많았다.

이후 거울 명상의 효과에 대해 가족들에게 공유했다. 하지만 아무도 하지 않는다. 역시 개인마다 유형과 기질이 다르고, 에너지를 모으고 치유하는 방법도 다르다. 다른 사람이 동조하든 동조하지 않든 나에게는 이 방법이 잘 통한다.

혼자 산을 오르다

2년 전 10일 정도 휴가를 내고 혼자만의 시간을 가진 적이 있다. 오전 낮 시간, 집 근처 산에 올라가 고요한 숲속에 앉아 있는 것이다. 그때 가을 낙엽이 내게 전하던 소리, 나뭇잎 사이로 쏟아져 들어오는 햇빛 그리고 맑은 하늘이 내게 전하는 것들. 모든 것이 감동적으로 다가왔다. 그리고 깨달았다.

'왜 지금껏 혼자 하는 산책, 등산이 나를 치유할 수 있다는 것을 몰랐을까?'

그동안 고민하고 있던 것들이 자연스럽게 받아들여지고, 결과가 좋지 않더라도 최선을 다했으면 결과를 겸허히 받아드릴 수 있도록 소화제 역할을 하고 있었다는 것을 깨달은 순간, 산이 좋아졌다. 그래서 혼자 있는 요즘 일주일에 두세 번 산에 간다. 가서 30분 정도 쉬면서 가벼운 산책을 하면 그렇게 좋을 수가 없다. 밥맛도 꿀맛이고, 혈액 순환도 잘 되니 낯빛도 살아난다.

아이들을 데려다 주고 가고 싶은 날 가는 산행이기에 아무 생각 없이 올라간다. 올라가서 아무도 없는 고요한 곳에 자리를 잡고 바위에 앉아 이런저런 생각을 하다보면, 꼭 하나씩 그동안 내가 미처 생각해보지 않는 것들이 떠오른다.

떨어지는 낙엽이 돌아가신 아빠 같아 낙엽을 응시하다 갑자기 눈물이 흐른다. 중풍에 걸린 할아버지를 집으로 모셔와 수발을 다 드셨던 우리 아빠. 중풍에 걸리셔서 오래 못 사시니까 자식들에게 꾹 참아달라고 하셨다. 세 번의 풍으로 나중에 치매까지 온 할아버지를 한 집에 모시고 살아야 했던 아들의 무게가 가볍지 않으셨을 것이다.

거실에서 풍겨오는 죽음의 냄새. 아빠는 매일같이 할아버지의 방 청소는 물론 식사, 목욕까지 맡아 하셨다. 아무 말 없이 수행하는 사람처럼. 그렇게 3년이 지나 할아버지는 돌아가셨다. 지금 생각해보면 그 3년은 아빠의 사랑과 위대함을 볼 수 있는 시간이었다. 그리고 우리 엄마와 가족 모두에게는 인고의 시간이었다.

당시 고1이었던 나는 우리 아버지를 맨날 바보 같다고 했다.

"바보같이 착해서 어려운 일도 남들보다 더 많이 하고. 아빠, 제발 그러지마!"

"아빠는 괜찮아. 걱정 하지 마!"

눈이 오면 오남매 등굣길에 다칠까 새벽같이 일어나서 집 앞 저 멀리까지 다 쓸어놓고 출근하셨던 우리 아빠.

"아빠는 왜 남의 집 앞까지 쓸어? 그건 그 사람들이 할 일이잖아. 우리 안 미끌어져. 그러니까 아빠 힘들게 쓸지 마."

그러면 아빠는 또 괜찮다고 하신다. 맨날 우리만 보면 미소를 보이셨던 우리 아빠. "여보, 사랑해. 그리고 미안해"라는 마지막 작별 인사를 엄마에게 남기셨던 우리 아빠.

아버지가 돌아가셨을 때 장례식장에는 친구분들이 많이 오셨다. 다들 우리 집에 자주 오셨던 낯익은 얼굴들이다. 그중에는 내가 어릴 때부터 본 아빠 친구 분도 계셨다. 나와 같은 나이의 아들을 둔 아저씨. 양가는 모두 잘 알고 지내는 사이였는데, 그 아저씨는 언제 봐도 우리에게 다정하게 말을 건네셨다. 아버지의 마지막 장례식장에서 그분의 배웅을 아직도 잊을 수가 없다. 3일 밤낮을 우리 집에 계시면서 오열하는 엄마와 우리를 위로해 주시던 분. 아버지를 산에 묻어드리고 오는 길에 나에게 "아빠 없다고 울지 말고, 꿋꿋하게 엄마 모시고 잘 살아야 한다"라고 하셨던 아저씨.

당시 20대였던 나는 아저씨의 마음을 모두 헤아리기는 어려웠다. 30대 중반이 되었을 때 비로소 그 우정의 의미를 깨달았다. 아버지는 그런 친구 분이 계셔서 마지막 가시는 길이 외롭지 않으셨을 것이다. 내 남편에게도 그런 친구가 꼭 있길 기도한다.

이렇게 산에 올라오면 바쁘게 사느라 놓치고 살았던, 가슴 속에 묻어두었던 일들이 떠오르면서 치유가 된다. 어떤 문제에 부딪쳤을 때는 가끔 문제를 해결할 수 있는 새로운 해결방안이나 아이디어가 떠오르기도 한다. 나는 복잡한 마음을 한편으로 접어두고 한 템포 늦더라도 삶의 의미를 곱씹어 볼 수 있어 산이 좋다.

시부모님을 모시는 것에 대하여

나는 종손이자 장자인 남편과 결혼 초, 나중에 부모님 두 분 중 한 분만 남게 되면 모시고 살기로 약속했었다. 아직까지 두 분 모두 정정하시기에 아직 핵가족 형태로 살고 있다. 내가 마흔을 바라보는 나이가 되면서 문득 '부모님께 많은 시간이 허락되어 있지는 않은 것 같다'라는 생각이 들었다.

아이들이 크면서 지금 사는 아파트를 조금 더 넓혀가야지 생각했지, 부모님 모실 것을 대비해 어떻게 아파트를 구할까를 생각해본 적이 없음을 깨닫게 되었다. 우리 가족끼리 오순도순 넓게 살고 싶어 이사 갈 마음이었지, 한 번도 시부모님을 모실 생각으로 부동산을 들락거린 적은 없었다. 나의 노후를 걱정하듯이 부모님도 그러시겠지 하면서도 생각뿐 현실적으로 준비를 하거나 대안을 마련해 놓지는 않았었다.

그랬던 내가 산 정상에 올라 가을 정취에 빠져 있다가, 벼랑 끝에 꼿꼿이 서 있는 나무를 보고 문득 깨달은 것이 있다. 부분적으로 물든 단풍을 보며, 문득 잎이 인간의 삶을 축소한 거 같다는 생각이 들었다.

나도 뿌리가 되어 자식을 낳아 새싹처럼 파랗게 키웠다. 대신 나는 단풍처럼 붉게 물들어가고 있다. 잎은 낙엽이 될 때까지 나무를 보호하다가, 낙엽이 되어서도 나무 위에 매달린 다른 잎이 잘 크기만을 바라며 항시 올려다본다. 그 힘 없는 낙엽의 모습은 흡사 엄마의 모습이다. 이 생각이 들자, 항상 자식 잘되기만을 바라며 자식이 있는 곳을 올려다보는 자신의 존재를 낮춘 시부모님이 떠올랐고, 그런 시

부모님을 항상 잊고 살던 며느리가 되어 있는 내 모습이 보였다. 나는 '잘한다. 잘한다' 하면 진짜 잘하는 줄 알고 사는 며느리였다. 하루아침에 깨달음을 얻은 중처럼, 그동안 얼마나 좁은 시야로 사물을 봤나 싶고, 그것을 일깨워준 나무에게 고마웠다.

잠시 생각을 접고, 급히 집으로 돌아가 아이들과 만나 단지 내 놀이터로 갔다. 어스름한 저녁인데도 동네 꼬마들이 놀이터에 제법 있었다. 손주를 봐주시는 할머니들이 꽤 많은 놀이터 풍경은 익숙하다. 한 할머니께서 말을 걸어오셨다.

"집에서 애들 키우니까 어때?"

"좋아요. 할머니 손주예요?"

"응, 우리 애들은 옆 동 살고 나는 이 동 살아."

"부럽네요."

"그럼 돈 좀 모아서 하나 사둬."

나는 엄마와 항상 산에 갈 때면 하는 말이 있다.

"같은 단지에 엄마랑 같이 살면 얼마나 좋을까?"

그러면 항상 우리 엄마도 그러신다.

"그러게. 같은 단지에 출가한 자식들 데리고 살면 정말 좋겠네. 같이 운동도 하고, 장도 보고, 산책도 가고. 나이 더 들면 나도 그러고 싶다."

남편도 분명 나와 같은 마음일 것이다. 하지만 아무 말도 하지 않는 남편. 장남에 종손이기도 한 자신이 어떻게 해야 할지 더 잘 알고 있을 것이다.

'내가 먼저 말을 꺼내야지. 여보, 우리도 그렇게 하면 어떨까?'

한 번에 결론을 내리기는 어렵겠지만, 내가 먼저 운을 뗐다는데 의의가 있다. 권리와 책임 중 부모님들께는 권리만 누리고 살았는데, 마흔 이후에는 책임을 지기 위해 준비를 할 것이다. 부모님들도 우리가 모실 준비를 하고 있다는 것을 미리 알고 계실 수 있도록.

이런 생각을 하게 된 내가 문득 대견해졌다. 그리고 이런 대견한 내 모습을 보고 우리 딸들이 나중에 나를 아껴줬으면 하는 생각도 들었다. 어디까지나 욕심이지만 말이다. '내가 있고 싶은 곳이 아니라, 내가 있어야 할 곳에 있어야 한다'는 생각이 드는 요즘이다. 철이 들어가는 건가?

산을 오르는 것만으로도 운동이 된다. 굳이 깨끗한 헬스장과 비싼 트레이닝복이 있어야 운동할 수 있는 것이 아니다. 잠깐의 시간과 마음만 있다면 할 수 있다. 만반의 준비를 하고 출발하면 시작부터 지치는 법. 편안한 차림으로 산에 오른다.

요즘 산에는 운동 기구가 곳곳에 설치되어 있다. 허리운동도 하고, 철봉에도 매달려보고, 늘어졌던 근육도 한번 탱탱하고 만들어본다. 눈에 띄는 변화는 아닐지라도 건강해지는 나 자신을 발견할 수 있어 좋다.

운동 기구 중 내가 가장 좋아하는 것은 폐타이어 위에 눕는 것이다. 누워서 하늘을 올려다보고 있노라면 참 마음이 편해진다. 이래서 산에 와서 운동을 하는 것 같다. 산소도 많고, 계절마다 변화무쌍한 자연의 모습을 볼 수 있어 절대 질리지 않는다. 오늘도 산에 올라와 푸른 하늘을 바라본다. 그리고 새들의 소리를 감상하며 즐긴다.

한번은 운동을 하다가 도서관에서 교육 프로그램을 같이 들었던 분을 만났다. 그 교육 프로그램은 인기가 많아서 수강생이 70명이었는데, 그중 유난히 적극적으로 수업에 참여하셔서 매우 인상적이라고 생각했던 분이었다. 강사의 질문에 제일 먼저 손을 들고 말씀하시는, 어찌 보면 강의 분위기와 문화를 리드하시는 분이셨다.

집으로 돌아오는 길에 '나도 노년에 활기차게 살 수 있을까?'라고 생각했었는데, 2주 뒤 운동을 하다가 다시 만난 것이다. 가까이 뵈니, 연세도 많으신데 맨 얼굴에 미인이셨다. 반가운 마음에 인사를 하고 계속 이야기를 나누게 되었다. 지역커뮤니티에 대해서도 고민하시고, 도서관 프로그램에 대해서도 의견을 내시는 아주 적극적인 분이셨다. "미국, 유럽의 지역커뮤니티 문화에 대해서 부러워만 하지 말고, 지역 구의 문화를 우리가 적극적으로 만들어 나가 후손들에게도 전해주어야 한다"고 말씀하실 때 큰 감명을 받았다. 또 "젊어서든 나이가 들어서든 항상 무언가에 열정을 쏟을 수 있는 것이 있고, 그것에 몰입할 때 행복하고 의미 있는 삶을 살았다고 할 수 있는 거 같다"고 하셨다.

이분처럼 노년을 즐겁고 아름답게 보내기 위해 적극적으로 자신의 생각을 펼치고 계신 분들이 많아지면 많아질수록, 나의 노년 또한 그리 심심하지는 않을 듯해서 안심이 되었다. 이런 곳에서 운동을 하면 우연히 만나는 분들을 통해 동시대인들의 생각을 공유할 수 있어 기쁘다. 그리고 나의 삶에도 참고할 수 있는 부분이 많아 더욱 유용하다는 생각이 든다.

혼자 떠나는 여행

겁이 많아 혼자 장거리 여행을 떠나지는 못하는 편이다. 가서도 괜히 불안해서 귀가하는 차를 타기 전까지 두려움만 가득할 것 같아서다. 가끔 고속버스를 타고 지인이나 친척집을 한참 찾아갈 때면, 가끔 인상적인 대화를 나누고는 한다.

한번은 지방에 사는 친척집에 돌잔치를 한다고 해서, 먼 거리였지만 여행 삼아 고속버스를 탔다. 옆자리 아주머니께서 물으셨다.

"어디 가세요?"

"돌잔치가 있다고 해서요. 그런데 초행길이라 버스에서 내려 돌잔치 장소까지 어떻게 가야 할지 고민이네요."

그러자 아주머니께서는 친절하게 그곳 지리를 알려주시고는 걱정이 하나 있다고 하셨다.

"딸이 이번에 시집을 가는데 혼수를 어떻게 준비해야 할지 걱정이네. 맞벌인데 아이는 어떻게 키울지도 그렇고."

나는 너무 걱정하시지 않으셔도 된다며 요즘 맞벌이들이 아이를 어떻게 키우는지에 대해 말씀드렸다. 3시간 동안 이런저런 이야기를 나누며 느낀 것은 엄마의 마음은 다 같다는 것이다. 무엇이든 하나라도 더 챙겨주고 싶은 마음. 우리 엄마도 '나를 시집보낼 때 저런 마음이셨겠지. 내 미래 모습이겠구나!'라는 생각이 들었다.

내가 가장 자주하는 혼자 하는 여행은 독서다. 책을 통해 간접 경험과 지혜를 쌓고, 생각을 정리할 수 있어서 좋다. 가끔 좋은 책을 만나면 중요 문구를 핸드폰으로 찍어둔다. 그래서 자주 읽으면서 내 마음에 뿌리내릴 수 있도록 노력한다.

특히 육아, 건강, 인문학과 관련 있는 좋은 글이 있으면 습관화시킬 수 있는 방법을 찾아본다. 실생활에 응용하기 위한 고민이 끝난 뒤에는 가족에게 전파하려고 노력한다.

예를 들어 가족의 건강을 위해 식생활 패턴을 바꿔야 한다면, 가공식품 대신 요리를 직접 하는 일수를 늘리는 것이다. 생각해보면 체계적인 패턴으로 가족을 위해 하나씩 나를 변화시켜가고 있는 것 같다. 단지 그 변화의 시발점이 독서라는 것. 그래서 혼자 책을 읽다 감동받고, 실천하다가 그 과정과 결과물에 자축하는 경우도 많다. 혼자 북 치고 장구 치는 셈이지만, 그래도 긍정적인 영향을 많이 받으니 나에게 있어 독서는 참 멋진 친구다.

혼자 하는 여행이라고 해서 거창할 필요는 없다. 남산 산책로도 좋고 가까운 공원이나 미술관도 좋다. 그것도 여의치 않으면 출퇴근하는 지하철 안에서도 할 수 있다. 혼자만의 시간을 갖고 오롯이 '나'에 대해 생각하는 시간을 갖는 것에 의의가 있으니까. 자기반성 및 자아성찰, 앞으로 어떻게 살아야 하나 등을 생각하며 내면을 정리하는 시간을 가질 수 있는 곳이라면 어디든 언제든 괜찮다.

아내에서 여자가 되는 시간

,

남편은 나에게 어떤 사람인가? 사랑해서 결혼했고, 다시 연애하듯 살고 싶은 남자. 신혼 초를 문득 떠올려 보았다. 나는 남편에게 바라는 10가지를 적어달라고 했다. 신혼 초 무엇이든 내가 해주는 것은 다 좋다는 남편은 한참을 망설이다가 진지하게 써내려가기 시작했다. 얼마 전 오랫동안 서랍장에 넣어둔 그 메모를 찾아 읽기 시작했다. '아침밥을 혼자 먹지 않게 해달라는 말'로 시작된 메모에는 지금까지 내가 잘 지키고 있는 것과 잘 지키지 않는 것들이 적혀있었다. 정리해보니, 남편을 위해 쉬운 일도 잘 안 해주고 있음을 깨달았다.

갑자기 무슨 바람이 불었는지 결혼 앨범과 신혼여행 앨범을 보고 싶어졌다. 이 사람 없이는 못 살 것 같아 결혼했고, 남편에게 병이 생기면 꼭 그 반을 내가 아프게 해달라고 기도했었다.

하지만 나는 변해있었다. 쳇바퀴 돌 듯 살면서도 매일 100m 달리기를 하듯 앞만 보고 달렸던 것이다. 옆에서 항상 속도를 맞춰주고 내가 지칠 때마다 물을 건네주며 다독였던 남편은 보지 않고 말이다. 이번 휴직을 통해 남편과의 관계에 대해 다시 한 번 생각해 보게 되었다.

그래서 내린 결론은 '남편과 연애하듯 다시 살아보자'는 것이다. 길을 걸을 때도 아이들 눈치 보지 않고 팔짱도 껴보고, 분위기 좋으면 뽀뽀도 하고, 포옹도 하고. 외국 사람들처럼 어디서든 남에게 피해가 가지 않는 선에서 감정에 충실하기로 했다. 맛있는 것도 아이들보다 먼저 남편 입에 넣어주고, 아침에 출근하는 남편에게 뽀뽀도 해주고, 더 많이 크게 웃고 눈을 마주치고, 남편과 손잡고 TV도 보고! 아주 사소한 것에서부터 시작하여 남편에게 아내가 아닌 한 여자로 다가가고 싶었다. 하나씩 하나씩 자연스럽게.

휴직하고 한 달 정도 되었을 때 '이렇게 쉴 수 있었던 것은 내 뒤에 든든한 남편이 있었기 때문이었구나!'라는 생각을 하게 되었다. 그

때부터였던 거 같다. 고마운 남편, 항상 내 편인 남편이 예뻐 보였다. 아내와 자식을 먹여 살리기 위해 매일 아침 대문을 나서는 남편의 뒷모습을 볼 때면 가끔 비장함까지 느껴진다. 내가 느끼는 삶의 무게와 남편이 느끼는 삶의 무게는 비교되지 않을 것이다.

물론 사람이다 보니, 미워할 때도 있고, 싸울 때도 있다. 맞벌이였다가 무급 휴직상태여도 번 돈을 아무 말 없이 나누어주는 남편. 처음에는 그냥 알뜰하게 아껴 써야지 했다. 그런데 시간이 지나보니, 사랑하는 남편이 온 힘을 다해 벌어다 준 돈이기에 꼭 그 가치가 있는 곳에 써야겠다는 생각이 들었다.

쉬면서 깨달은 것은 가장 소중한 것이 가족이고, 묵묵히 나를 항상 사랑해주는 남편이 언제나 내 곁에 있다는 것이다. 또 요즘 마음이 편해서인지 몰라도 남편이 하는 말을 더 귀담아 듣게 되었다. 그리고 그가 하는 말이 나를 사랑해서 하는 말임을 더 자주 느끼게 되었다.

남편은 아침을 함께 먹으면서 운동도 하고, 책도 보고, 산책도 하라고 한다. '집 청소 좀 해, 빨래 좀 해, 밥 좀 맛있게 해'라는 말은 하지 않는다. 그렇게 말해주는 남편 덕분에 집안일은 한꺼번에 몰아서 하고 오전 내내 나만의 자유시간을 만끽하고 살 수 있었다.

그런데 아이들이 내게 이렇게 말한다.

"청소 좀 해.""빨래 좀 해.""밥 좀 맛있게 해줘."

"남편도 하지 않는 말을 왜 너네가 하니? 그 말은 나중에 너네가 커서 결혼하면 해."

남편은 내가 조용히 하고 싶은 것을 하면서 쉬고 싶어 하는 줄 어떻게 알았을까? 남편은 아무 말 없이 나를 편하게 해준다.

한번은 잇몸에 염증이 생겨 치과를 가게 되었다. 치료 후 약국에 가서 약을 사는데, 갑자기 지난주 술을 많이 마셔 아침을 못 먹고 가는 남편 얼굴이 떠올랐다.

'연말이라 회식자리도 많을 텐데……'

가족을 위해 열심히 일하는 남편을 위해 술 먹은 다음 날 먹으면 좋은 약을 사야겠다는 생각이 들었다. 약사에게 물어보니 좋은 약이 있다고 한다. 기분 좋게 약을 사들고 와 출근할 때 볼 수 있도록 옷장에 넣어두었다.

남편은 아주 작은 선물이라도 자기를 위해 준비했다고 하면 항상 기뻐하는 사람이다. 또 얼마나 좋아할까? 그날 밤 남편은 고객사와 술을 마시다 새벽 1시 반에 집에 왔다. 내가 준비한 선물은 다음날 아침 남편의 위로 들어갔다. 남편이 씩 웃으며 출근길에 말한다.

"고마워. 내가 마누라는 참 잘 구했어."

사실 맞벌이 때는 이러지 않았는데 요즘은 좋은 점만 보인다. 쉬다 보니 마음의 여유가 생겨서 그런 것인지 아니면 부부사이에도 사이클이 있다고 하는데 지금이 좋은 시기인지 잘 모르겠다. 어느 날 큰딸이 말했다.

"아빠는 엄마한테 가끔 짜증도 내는데, 왜 엄마는 아빠한테 잘해줘? 예전에 회사 다닐 때는 안 그랬잖아. 아무래도 엄마 빨리 복직해야 할 거 같아. 예전처럼 사는 게 더 좋아."

다시 복직하면 쏟아낼 약간은 거친 대화들도 있겠지만, 지금은 굳이 그럴 이유가 없다. 그래서 지금이 연애하는 시기라고 생각한다.

"아빠가 일하면서 얼마나 고생하는 줄 아니? 밥도 제대로 못 먹고, 야근에 술에 힘들어. 엄마는 잘 알아. 집에서라도 대우받으면 얼마나 좋니? 아빠를 위해 따뜻한 한마디, 그리고 한 발짝 뒤로 물러나 주는 게 뭐가 그렇게 어려워.

중년 남자의 인생이 얼마나 고달픈지 아니? 엄마는 회사 다니며 많이 봐왔단다. 얼마나 많은 분노조절, 감정조절 능력이 필요한지. 그래서 이렇게 쉬는 동안만큼은 아빠를 지지하고 아껴주기로 했어. 아빠한테 무조건 지는 게 아니라, 잠시 쉴 수 있게 해주는 거지. 남편이 없는 것처럼 서러운 것도 없어. 그래서 아빠가 더 건강하고 행복할 수 있도록 노력할 거야. 그게 내 인생을 위해 그리고 너희들을 위해 할 수 있는 최고의 투자야."

요즘 좋은 곳을 가거나 맛있는 것을 먹을 때면 남편이 떠오른다. 그럴 때마다 '내가 세상에서 가장 사랑하는 사람은 남편이구나' 하는 생각이 든다. 워크샵에서 산을 오를 때, 어느 40대 후반쯤 되어 보이는 부부가 다정하게 손잡고 걷는 모습을 보고, 30대 초반 여직원들이 "부럽네요. 나도 나중에 저랬으면 좋겠어요" 하자, 40대 후반쯤 된 회사 남자 선배님들이 이렇게 말씀하셨다.

"원래 40대 중반 넘으면 애들도 어느 정도 커서 남는 건 부부밖에 없어. 그래서 배우자가 더 소중하게 느껴지지."

나는 이제야 그 말이 무슨 말인지 조금 알게 되었다. 아이들보다 먼저 남편에게 좋은 거 하나라도 더 주려고 하는 걸 보면 말이다. 그래서 남편과 하는 여행, 산책을 가장 행복한 소비(시간)라고 생각한다. 남편과 같이 올랐던 인왕산과 남산 사진을 보면 행복해진다. 너무도 생생해서 금방이라도 사진에서 튀어나올 것 같은 우리 모습.

연애할 때 거리를 걷다가 다리가 아프다고 말하면 업어주던 남자

출산할 때마다 항상 내 곁에서 손을 잡고 다독여주던 남자

출근길마다 내 가방을 들어주고 손을 내민 남자

아침에 먼저 일어나면 이불을 살포시 덮어주는 남자

아침밥하고 있을 때 졸린 눈으로 나와 나를 뒤에서 안아주는 남자

출근길 포옹하고 뽀뽀해주면 웃는 남자

밤에 조심히 오라고, 비가 오니 조심히 오라고 나를 염려해주는 남자

고속버스 차 안에서 나란히 앉을 때면 내 손을 잡고 자는 남자

내 눈에는 너무 멋진 이 남자를 곁에 두고 오래오래 함께하고 싶다. 그래서 나는 이 남자를 아끼기 시작했다. 그리고 닳지 않게 망가지지 않게 항상 건강하게 내 곁에 지금처럼 있을 수 있기를 소망한다.

자존감 높이고 소통하기

쉬면서 집에 있으니, 그동안 바빠서 미처 보지 못했던 것들이 눈에 들어왔다. 어디 학원이 가장 유명한지, 상위그룹 아이들은 어떻게 공부를 시키고 있는지 뿐만 아니라 집과 차, 생활 전반에 관한 것들이

속속들이 보였다. 강남에 사는 동네 엄마들과 몇 차례 수다를 떨고 나면 알 수 없는 불안함에 휩싸이고는 했는데, 어느 순간부터는 '끝도 없이 비교하다가는 아무것도 할 수 없다'라는 생각이 들었다. 노력으로 얻어지는 것들은 2배, 3배 노력을 해서라도 얻을 수 있지만, 타고난 어마어마한 부라든가, 부를 등에 업고 쌓은 재능 등은 얻기 어려운 것이니까. 이러한 마음으로 행복을 기대하기는 어렵다.

간단하게 나는 '비교하는 마음'을 버림으로써 마음의 평화를 얻고 자존감을 높일 수 있었다. 나다운 것, 우리 아이다운 것, 우리 남편다운 것에 초점을 맞춰 가지고 있는 자원을 최대한 활용해서 잠재력을 현실화시키는 게 더 낫지 않은가? 우리 아이다운 것에 초점을 맞추니 굳이 많은 학원이 필요하지 않았고, 나다운 것에 초점을 맞추니 화려한 옷이나 가방에 초점을 맞추지 않아도 되었다. 또한 우리 가족의 생활패턴을 생각해 봤을 때 굳이 큰 차에 욕심 부릴 필요가 없었다. 이런 측면으로 보면 나는 빨리 복잡한 마음을 정리할 줄 아는 행복한 사람인 것 같다.

1. 쇼핑 안 하기

휴직을 처음 결정하고 집에 있으면서 '가족에게 무엇이 필요할까?' 생각하며 쇼핑 리스트를 적었다. 이것저것 사기 시작하면서 알게 된 것은 굳이 사지 않아도 되는 물건들이었다는 것이다. 대체품들이 집에 있었는데도 그 사실을 몰라서 샀다. 그래서 산 물건들을 모두 환불했다. 그리고 집 정리를 시작했다. 오랜 맞벌이로 어떤 물건이 어디에 있는지 잘 몰랐다. 창고, 책꽂이, 옷장, 신발장, 냉장고까지. 아이들이 커서 읽지 않는 책을 박스에 넣어 필요한 집에 전달하기 시작했다. 그랬더니, 책꽂이가 부족하지 않게 되었다.

작아서 입지 못한 옷들을 정리했더니 라면박스로 세 박스가 나왔다. 필요한 동생에게 주고 동생이 가져가지 않은 옷가지들은 재활용 옷을 모으는 통에 넣었다. 신발장을 정리했다. 큰아이, 둘째아이를 키우면서 막내가 크면 신기려고 했던 신발들을 정리하다 보니 사이즈가 같은 운동화가 몇 켤레나 나왔다. 한 박스를 버렸다.

냉장고를 정리하기 시작했다. 그동안 엄마가 살림을 도맡아 해주셔서 어디에 무엇이 있는지도 잘 몰라 버려야 하는 것도 꽤 있었다. 추려진 재료들을 모아보니 일주일은 장에 가지 않아도 먹을 수 있을 정도였다. 냉장고가 정리된 김에 장을 보러 갈 때 일주일 치씩 보지 않기로 했다. 필요한 것을 2~3일에 한 번씩 사서 신선하게 먹기로 했다. 터질 듯한 냉장실과 냉동실은 그렇게 공간이 만들어지기 시작했다. 많이 남지 않은 음식은 큰 그릇에서 작은 그릇으로 옮기면서 조금씩 공간을 만들어가는 재미에 빠졌다.

며칠에 걸친 대청소가 마무리되면서 다시 일상으로 돌아갔다. 아이의 물건을 A/S 맡기러 왔다가 별로 필요도 없는 물건인데 할인한다는 이유로 사들고 나오는 자신을 보면서 백화점에 가급적 가지 않기로 했다. 둘이 벌다 혼자 버니 그리 넉넉한 형편도 아닌데, 절제도 못하고 샀다가 다음날 환불하러 오면서 스스로 한심하다고 생각했다. 몇 개월간 백화점에 가지 않았지만 큰 불편함을 느끼지 못했고, 오히려 시간을 낭비하지 않고 시간을 구매한 느낌이라 더 좋다. 그렇게 한 달을 지내니, 돈이 세어나가지 않아 남편의 월급이 적다는 느낌을 자주 받지 않아 마음이 편해졌다.

쇼핑은 장기적으로 봤을 때 나의 기분을 업시키기보다 다운시키게 한다는 사실을 알게 되었다. 자존감이 낮은 사람일수록 쇼핑을 많이 한다고 한다. 이런 면에서 나는 쉬면서 자존감이 높은 사람이 되는 거 같아 기분이 더 좋아진다. 괜히 집이 좁은 거 같아 이사 가야 한다고 남편을 들들 볶았던 나는 사라지고, 정리되어 공간이 살아난

집에서 잘 지내고 있는데 서점에 가서 둘러보던 중 내게 꼭 맞는 책 한 권을 발견했다.

《당신이 지갑을 열기 전에 알아야 할 것들》
- 체험을 구매하라
- 특별하게 만들어라
- 시간을 구매하라
- 먼저 돈을 내고 나중에 소비하라
- 다른 사람에게 투자하라

이 책을 읽으면서 그동안 얼마나 소유에 집착했는지 경험을 위한 소비를 하지 않았는지 알 수 있었다. 그래서 남은 휴직기간 동안 소유를 위한 소비(옷 등과 같은 물건 구매)를 하지 않고, 경험을 위한 소비(여행 등)에 집중하기로 마음먹었다. 소유를 위한 소비는 순간의 즐거움만 줄뿐이고, 경험을 위한 소비는 오랫동안 즐거움을 준다는 내용에 공감하기 때문이다. 쇼핑을 줄이니, 체험을 구매할 수 있는 돈과 시간이 늘어났다. 이렇게 간단한 진리를 왜 진작 몰랐을까? 나의 머뭇거림을 단칼에 해결해준 이 책에게 고맙다.

휴직하면서 또 한 가지 발견한 것이 있다. 매달 정기적으로 나가는 학원비의 무서움이다. 하나둘씩 시작하는 학원 때문에 우리 가정은 경제 위기를 느꼈고, 남편의 월급이 부족하다는 생각을 하다 보니, 열심히 일하고 온 남편에게도 나도 모르게 탐탁지 않은 소리를 하게 된다는 것을 느끼게 되었다.

그래서 우리가 직접 가르칠 수 있는 과목은 최대한 가르치기로 더욱 맘을 굳혔다. 초등학생 아이가 공부를 잘하면 얼마나 잘하겠는가? 학원비 때문에 맨날 부부싸움을 하는 부모 밑에 아이들이 자라는 것보다는 낫겠다는 생각이 들어 잠정적 결론을 내렸다.

서점에 가는 김에 아이들 수학문제집을 열어보았다. 미리 중학교 1학년 수학문제집을 펼쳐보고, 중학교 이후부터 나갈 돈을 동네 학원을 돌며 계산해보고 놀라서 남편과 상의했다. 하지만 미래 일어날 일에 대해 둘 다 놀라기만 할뿐, 어떤 대비책도 할 수 없음을 깨달았다. 아이들이 스스로 좋은 성적 내길 기도만 할뿐이다.

2. 서로 존중하고 도와주기

나는 매일 깔끔하게 집을 청소하는 스타일이 아니다. 섹션별로 나누어 하루는 거실, 하루는 안방 이렇게 해당 부분만 청소하는 편이다.

그러다 보니, 집이 항상 깨끗한 편은 아니다. 현실적으로도 아이 3명을 키우며 집이 24시간 깨끗하다는 것은 거의 불가능한 일이다. 그리고 매일 깔끔하게 집 청소하려고 휴직계를 낸 것도 아니다.

집안 청소를 게을리해도 특별히 말하지 않는 남편이라도 가끔 도가 지나칠 때다 싶으면 지나가는 말로 '이 부분이 좀 지저분한 거 같아'라고 한마디하고 출근한다. 나는 그럴 때면 잽싸게 그 부분을 말끔히 청소해 놓고 다른 일을 본다.

평소 불평불만을 잘 표출하지 않는 사람이 말을 할 때에는 꼭 들어 주어야 한다. '왜 그 사람이 그렇게 말했을까?'를 생각해보고 그 사람의 의견에 동의할 때는 재빨리 요구사항에 반응해 주어야 한다. 마음은 그렇지 않아도 나이가 들다보니, 자꾸 할 일을 한두 개씩 까먹는다. 그래서 이야기가 나오면 바로 처리하려고 한다. 어차피 하려고 한 것이기 때문에 빨리하면 기분도 좋고 부담도 사라지기 때문이다.

우리 부부가 그동안 잘 살 수 있었던 이유는 나의 이런 태도 때문일 것이다. 청소해 놓으면 자기의 말이 존중받고 있음을 남편은 느낄 것이다. 누군가에게 존중받는다는 것은 자신의 의견이 받아들여질 때 느끼는 경우가 많다. 대답이 아니라 행동으로 반응해 주는 것은 부부 간에도 분명 필요한 것이다.

남편이 출근하면서 '○○ 좀 준비해 주었으면 좋겠어'라고 말하면 '언제까지 해야 할지 정확하게 말해 달라'고 한다. 준비가 끝나면 문자를 보낸다. 누군가가 내게 도움을 요청할 때 무리가 되지 않는다면 돕는다. 특히 남편과 아이들이 요청할 때면 기분 좋게 받아준다. 누군가에게 도움이 되고 배려해 줄 수 있는 것은 내가 그 사람에게 고마운 사람이 될 수 있는 절호의 찬스이기 때문이다. 도움을 요청했을 때 선뜻 도와줘서 고맙고 신뢰할 수 있는 사람이 될 때 유대감이 높아지고 애착은 강화된다. 그래서 그 기회를 져버리지 않는다.

이런 빚을 많이 질수록 상대도 내가 하는 부탁에 흔쾌히 도움을 준다. 부부끼리도 '기브 앤 테이크give and take'라는 말이 통한다. 내가 도와줄 때 남편도 쉽게 나를 더 도와주려고 한다. 서로가 도와주려고 애쓰는 모습은 부부의 자존감을 높이는 또 다른 채널이다.

3. 가끔은 혼자만의 시간을 갖고 쉴 수 있게 내버려두기

워킹맘 시절 간절하게 원했던 것은 아무것도 하지 않고 혼자 누워서 쉴 수 있는 자유의 시간을 하루에 1~2시간 갖는 것이었다. 뭐가 그리 바쁘고 할 일이 많은지 일을 하다 보면 쉴 틈이 없다. 사람은 기계가 아니라 좀 쉬면서 해야 또 다른 일을 할 의욕도 생기는 법인데, 너무 몰아치며 살아온 거 같았다. 아이들은 종종 내게 이렇게 말했었다.

"엄마, 너무 힘들고 지쳐 보여."

내가 혼자만의 1~2시간의 자유를 간절히 원했던 것처럼 남편 또한 그럴 것이다. 생각해보면 사실 남편에게 1~2시간의 자유를 주는 것은 그리 어려운 일이 아니다. 남편에게 일을 10가지 시킬 때 하나 끝나면 다른 하나를 알려주는 것이 아니라, 10개를 리스트화해서 주는 것이다. 그리고 언제까지 끝내야만 할지만 표시해주고 협의하면 된다. 그러면 남편은 10가지의 일을 자기가 생각하는 효율화된 프로세스로 일을 처리한다. 중간 중간에 자신만의 휴식시간을 갖는 것도 잊지 않고 넣는다.

이렇게 하면서 원래 내가 원하던 10개의 일을 끝마칠 수 있게 되었고, 남편도 자기가 원하는 자유시간을 얻을 수 있었으므로 큰 마찰 없이 지낼 수 있었다. '진작 이런 방법으로 일을 했어야 하는데!' 하는 아쉬움에 혼자 웃음을 짓곤 했다. 이 방법이 서로를 존중하고 도와주는 길이라는 것을 처음 알게 된 것은 이번 쉼을 통해서였다. 같은 문제를 반복하다가 해결방법을 찾을 수 있었던 것은 마음의 여유가 있었기 때문인 거 같다. 어려운 문제를 끌어안고 계속 끙끙대기보다 잠시 쉬면서 생각을 환기를 시킬 때 잘 풀리는 경우와 같은 이치라고나

할까? 어쨌든 부부에게 혼자 자유롭게 쉴 수 있는 장소와 시간을 주는 것은 매우 필요하다는 생각을 하게 되었다.

4. 사소한 것도 칭찬하고 감사 표현하기

도서관에서 아침에 책을 읽다가 문득 좋은 책 한 권을 발견했다. 부부간에도 고운 말을 쓰고, 사소한 것도 칭찬하고 감사 표현을 적절하게 하는 것이 금슬에 좋다는 내용이었다. 이미 알고 있는 내용이었지만, 활자화되어 책에 적힌 글을 보니 마음이 동하기 시작했다. 그동안 아이와의 관계 개선을 위한 소통법을 익히려 했지 남편과의 더 나은 관계를 유지하고자 노력하지 않았기 때문이다. 남편과 다툼이 없었기 때문인 이유도 분명 있었다. 아이들과 지지고 볶는 일에만 집중했지 묵묵히 옆에서 화목한 가정을 꾸리기 위해 남편의 의무를 다하고 있는 사람을 크게 신경 쓰지 않으면서 살아온 것이다.

아이들에게 받은 사소한 것에는 고마워하고 칭찬하면서 남편에게 받은 것은 당연하다는 듯이 지나쳤던 나. 반성했다. 그리고 생각했다.

'부부 간에도 말로 천냥 빚을 갚아야겠다. 앞으로 매일 한두 개씩 남편을 칭찬해야지.'

남편에게도 나를 아이들 앞에서 칭찬하라고 했다. 특히 밥상머리에서 긍정적인 대화를 리드하도록 남편에게 부탁했다. 누군가 자꾸 불만을 제기하면 밥상머리에서 큰소리가 오가기 마련이다. 가족이 모여 앉은 밥상에서 긍정적인 대화를 하는 모습을 아빠가 리드한다면 분명 아이들도 따를 것이다. 그렇게 몇 주가 지나니 더 즐겁게 밥을 차리고 먹는 우리가 보였다. 작은 긍정의 씨앗이 모이면 큰 행복이 된다.

특히 내가 만든 김치가 맛없다는 아이들 앞에서 부족한 나를 긍정적으로 인정해주는 남편의 말이 고마웠다.

"그래도 엄마가 김치 맛있게 하려고 계속 노력하고 있잖아. 너희들도 자꾸 예전 할머니 김치만 찾지 말고 엄마가 한 김치도 맛있게 먹어. 그래야 엄마가 더 김치 맛있게 담그려고 노력할 거 아니야."

네 번째 담근 김치로 김치볶음을 했을 때 비로소 큰딸이 '맛있다'라는 말을 했는데, 그 호응에 힘입어 다섯 번째 김치는 더 맛있게 담글 수 있을 것 같다. 누군가의 긍정적인 한마디가 이렇게 큰 힘이 될 줄이야!

5. 행복했던 일 다시 함께하기

한정된 휴직기간이기에 특별한 즐거움을 누리고 싶었다. 바빠서 그동안 '무조건 참고 다음에 해야지' 하며 미루어 두었던 것들을 리스트화 해본다. 그러나 생각과는 달리 특별히 하고 싶은 것이 딱히 없었다. 남편과 행복한 추억을 만들었던 일을 다시 함께하는 것 외에는. 그래, 스키 타기, 암벽 타기, 스케이트 타기 등 특별하고 새로운 체험을 해보자! 지금까지 항상 아이들과 함께할 수 있는 일들만 생각했었으니까.

눈을 감고 곰곰이 생각해 보았다. 남편과 단둘이 가을 단풍이든 인왕산 오르기, 남편과 영화관에서 영화를 보고, 밤 12시까지 남대문 시장을 추운 겨울에 팔짱 끼고 걷던 시간들. 가을 단풍이든 인왕산 오르기는 주말에 아이들과 모두 같이 가면 될 것 같고, 남대문 야시장 구경은 아이들을 재워 놓고 가야 가능한 일다. 아이들을 재워 놓고 잠시 다녀올까 싶기도 하고, 마음 편히 가려면 누군가의 도움이 필요할 거 같기도 하고. 아무래도 이건 힘들겠다 싶어 그냥 내려놓는다.

하지만 곧 다시 아이들과 함께여서 행복했던 추억을 더듬어 본다. 웅진 플레이도시와 지리산 그리고 영화 보기. 날짜를 적고 계획한다. 아직 떠난 것도 아닌데 기분이 좋아진다. 여행 가기 전 준비하며 들뜨는 마음을 또 느끼고 있다.

6. 즐겁고 의미 있는 그룹 만들기

어떠한 목표를 함께 갖고 나아갈 때 플레이 그룹play group은 결속력과 유대감을 높인다. 육아와 봉사활동을 남편과 같이 하는데 매우 큰 보람을 느끼고 있다. 육아의 경우, 남편이 둘째아이의 공부를 전담하여 관리하고 있다. 남편과 둘째아이는 기질이 비슷해서 코드가 잘 맞는다. 그러다 보니, 공부 효율도 매우 높은 편이다.

"당신이 둘째와 기질이 같다는 게 무슨 의미인줄 알아? 심리전문가를 찾아가서 상담하니까 이렇게 말씀하시더라고. 롤모델로 삼고 싶은 부모일 경우, 부모를 중요한 대상으로 삼고 내재화하는 경우가 많대. 즉, 당신이 어떤 대상을 대하는 반응과 평가, 언행들이 우리 둘째아이에게는 거의 절대적으로 받아들여져 '나도 저 대상에게(또는 상황에서는) 당연히 저렇게 해야만 하는구나'라고 거의 동일시 한대. 당신이 하는 말과 행동이 모두 우리 둘째에게는 뇌에 각인되고 응용되니까 조금 더 신중하고 긍정적으로 행동해줘."

한 아이를 바르게 성장시키기 위해 부모가 동참해서 열의를 갖고 힘을 쏟는 것만큼 행복하고 중요한 일은 없다. 그래서 나는 남편과 둘째아이의 팀워크를 객관적으로 바라보고, 그들의 결과물에 박수를 보낸다.

나와 남편은 몇 년 전부터 가족 봉사를 시작했다. 매일 똑같은 삶을 살다보면 욕심만 커질 뿐 가진 것의 감사함을 모른다. 가족 봉사활동을 시작하면서 우리 부부는 물론, 아이들도 사회에 봉사하고 기여하는 사람이 되고 싶다는 마음을 가질 수 있게 되었다. 그래서 남편과 나는 더욱 적극적으로 아이들이 봉사활동에 참여하고 의미를 바르게 받아드릴 수 있도록 분위기를 형성해갔다.

초등학교 저학년 때부터 시작한 봉사활동이라 그런지, 아이들이 고학년이 되면서부터는 또래 장애우에게 친구처럼 스스럼없이 다가가서 도와주고 이야기를 나누는데 그런 모습을 보면 기분이 좋다. 우리가 원하는 어떤 바람직한 모습대로 아이들이 성장할 때는 성취감과 큰 보람을 느낀다.

낯선 곳으로 10일 이상 여행을 가면 부부의 팀워크가 정말 빛나는 것 같다. 매번 일주일 이하의 여행을 가던 우리 부부가 이번에 21일간 유럽여행을 하면서 느낀 것은 가족이 함께 있기 때문에 행복하다는 것이었다. 우리가 누군지, 어디서 무슨 일을 하는 사람인지, 어느 정도의 부와 명예를 가지고 있는지 전혀 모르는 사람들 틈에서 주어진 시간을 스스로 의미 있게 만들어 가는 일은 너무도 즐거운 일이다. 남의 시선 때문에 해보지 못한 일도 마음껏 해보고, 우리나라의 가치관에서는 어려운 일도 누릴 수 있었던 그 시간은 정말 우리 부부에게 즐거웠다.

놀면 스트레스가 풀리고, 걷다 보면 기분이 좋아진다고 했던가? 오랜 시간 동안 플레이 그룹으로써 서로에게 도움을 주고받으며 자유롭게 살아온 시간들을 통해 분명 우리 부부뿐 아니라 아이들도 강한 결속력과 유대감을 느꼈을 것이다. 부부가 팀워크를 이루어 할 수 있는 일이 육아, 봉사, 여행밖에 없는 거 같아 아쉽기는 하지만, 그래도 지금 이 순간 우리에게 가장 필요하고 중요한 분야는 바로 육아, 봉사, 여행이라고 생각한다.

7. 부부가 사랑해야 가족이 바로 선다

아이들을 바르게 키우는데 핵심은 부부다. 문득 '남편과 내가 변해야 아이가 변한다'는 말씀을 하시던 시어머님의 말씀이 떠올랐다. 그 말이 무슨 말인지 이제야 새삼 깨닫게 된 나는 참 우둔한 사람이다. 큰아이가 사춘기를 앞두고 있다. '어떻게 성교육을 할 것인가?'를 고민하면서 그 말씀을 되새기게 된 것을 '우연'이라고만 하기에 너무 한가?

사춘기 성교육 관련 책과 논문을 찾아보면서 많은 것을 배웠다. 아이들과 성적인 대화를 서로 오픈하고 소통하는 것이 매우 중요하다는 것이다. 그리고 부부가 성적으로 문제가 없을 때 아이들도 행복하고, 이성에 대한 가치관이 바르게 생긴다고 한다. 특히 '어디까지나 감이겠지만, 아이들이 부부간의 관계를 분위기를 통해 잘 알고 있을 것이다'라는 한 줄에 충격을 받았다.

아줌마들끼리 만나서 수다를 떨다가 서로 공감하는 것이 '하루종일 많은 잘못을 해도 부부가 이불만 잘 덮고 자면 웬만한 문제는 다 덮어진다'는 것이다. 그만큼 부부관계는 매우 중요하다. 어떤 문제의 경우, 논리적으로 남편과 아내가 서로를 이해시키느라 소모하는 것보다 부부관계로 푸는 것이 훨씬 짧은 시간이지만 그 효과는 훨씬 큰 경우가 많다고들 한다. 나도 분명 공감하는 말이다.

이렇게 중요한 부부관계에 대해 '나는 지금 남편과 성적으로 문제가 없는가?'라는 생각을 해보았다.

이런 이야기만 나오면 쑥스러워 하는 우리 부부. '부부는 나이를 먹을수록 더 다정하게 스킨십을 해야 한다'는 글귀를 가슴에 담고 아이들에게 결혼해서 행복하려면 어떻게 해야 하는지 보여주며 살아야겠다는 생각을 했다.

당신이 생각하는 중년의 나이는?

,

　며칠 전 통화한 친구가 보고 싶어졌다. 점심 약속을 하고 친구네 회사 앞으로 가는 버스를 탔다. 가는 길에 심심해서 핸드폰으로 '중년'이라는 단어를 검색해 보았다.

　'중년은 40세부터가 아니라 53세부터'

　신문 메인타이틀이 눈에 확 들어왔다. 갑자기 젊어진 느낌이다. 내일 모레 마흔이라고 걱정했는데, 갑자기 젊어진 느낌이 든다. 정리할 때가 아닌 한창 꽃 피워야 할 때인 것이다. 다시 꿈꾸며 젊게 살아도 괜찮은 나이다.

　친구를 만났다. 친구에게 이 반가운 소식을 전해줬다.

"진짜야? 우리는 아직 멀었네?"

"응, 그렇대. 아직 청년기 한참 남았다."

"아주 좋은 정보네? 다시 젊어지는 느낌이다!"

우리는 사사로운 일상이야기로 시작하여 휴직연장에 대한 고민과 앞으로의 계획 등에 대한 수다를 떨며 마무리 지었다. 휴직 연장을 생각하는 이유는 하루가 다르게 크고 있는 아이들 옆에 있어주고 싶은 마음과 6개월이 더 주어진다면 건설적인 일을 해보고 싶은 마음 때문이었다. 아직 꿈꿀 수 있는 젊은 나이니까. 남편도 곧 중년이라 생각했는데 그 생각도 수정했다. 우리는 아직 청년기 부부이다. 뭐든 할 수 있는! 중년에 대한 정의만 다시 했을 뿐인데 에너지가 다시 솟구치는 것을 느꼈다. '모든 것은 마음먹기에 달려있다'는 뻔한 말이 맞는 것 같다.

즐겁게 산다는 것은 곧 젊게 산다는 것이다. 자신의 발전을 계속 확인할 수 있는 일이 있다는 것, 젊게 사는 방법 중 하나가 아닐까 한다. 휴직기간에 지인들에게 가장 많이 받는 질문은 이것이었다.

"휴직하니까 좋아요? 즐거워 보이시네요."

"요즘 즐거워요."

"어떻게 하면 즐겁게 사는 건가요? 얼굴이 편안해 보여요."

"나를 사랑하고 발전시키고 긍정적으로 사는 거요."

모든 것을 아울러서 쉽고 지속적으로 실행할 수 있는 방법은 무엇일까. 오랜 생각 끝에 내린 결론은 일을 하는 것이다. 적당한 자극과 스트레스를 받으면서도 즐길 수 있는 것. 삶과 일이 조화를 이룰 수 있는 것. 다른 사람들과 함께한다면 더욱 재미있을 것 같다. 누군가와 한 팀이 되어 하나의 목적을 향해 나아갈 때 더 건설적인 이야기를 서로 나누며 윈윈하는 조직적 플레이를 할 수 있기 때문이다.

나를 매일 가꾸고, 매일 만날 수 있는 사람들이 있고, 나를 매일 발전시키면서 가끔 갖는 회식자리에서 희로애락을 나누며 사는 것이 좋다. 물론 이것은 사람의 기질마다 다를 수 있다. 집에서 혼자 밥 먹고 책 읽고, 집안일 하며 아이들과 남편을 내조하는 데만 내 젊음을 쏟아붓기에는 2% 부족한 느낌이 든다.

나는 열정적으로 살아가는 사람들 속에서 건설적인 대화를 나눌 수 있는 기회들을 갈망하고 있다. 핸드백 속에서 나뒹구는 명함집과 회사 ID카드를 다시 사용하고 싶은 이 욕구. ○○엄마가 아닌 내 이름 석 자로 존재하고 발전하고 싶은 욕구. 사회 활동에 참여하며 여러 사람과 소통하고 싶은 욕구.

잠시 아이들이 커가는 모습을 지켜보다가 내 이름 석 자로 다시 일할 것이라고 다짐해본다. 내 이름으로 산다는 것은 즐거운 일이니까. 그리고 새로운 것에 도전한다는 것 자체만으로 젊음이 유지되니까. 함께 가면 혼자 가는 것보다 멀리 갈 수 있고 거기서 오는 성취감은 삶의 희열이며 또 다른 활력소니까.

3장

아이 충전
-느리게 살자

육아 전략 I
_인성편

,

12, 11, 7세의 세 아이를 지금까지 키우면서 가장 중요한 것이 무엇이었는지 고민해봤다. 휴직기간 동안 학교성적 올려보겠다고 애들 잡고, 계획대로 따라오지 못한다고 닦달하기 위해서가 아니다. 나의 교육관에 있어서 가장 중요한 것이 '공부'였다면 아마 6개월이 아닌 1년간 휴직을 하고 아이들과 함께 어학연수를 갔을 것이다.

하지만 지금까지 회사를 다니며 휴직하고 싶다는 유혹을 느꼈던 시기는 아이들 곁에서 이야기도 들어주고 많은 의지가 되어주고 싶었을 때였으므로, 엄마로서 무엇을 해주어야 할 것인가에 대한 큰 그림을 그렸다.

《강남에서 소문난 불량엄마》라는 책에서 이미 나는 강남에서 사교육의 노예가 되지 않고 엄마표 공부로 아이 셋을 어떻게 키우고 있는지 이야기한 적이 있다. 우여곡절 끝에 깨닫게 된 노하우들이지만, 이 노하우들 역시 부모와 아이 간의 신뢰와 사랑이 밑바탕이 되어야 하므로 그때보다 더 커진 내공으로 아이들 모습 그대로 사랑해주리라 마음먹었다. 더 공부를 잘하는 아이, 말 잘 듣는 아이가 아닌, 엄마 사랑 많이 받고 자란 아이들로.

생각이 이렇게 정리되자 무엇을 어떻게 해야 할지 가닥이 잡혔고, 더 이상 막연한 불안함을 느끼지 않게 되었다. 또한 지금껏 잘해왔기에 우리 아이들의 방식을 믿어주고 지켜봐 주기로 했다. 단, 도움을 요청하는 부분에 있어서는 힘껏 도와주기로.

1. 아이의 장단점을 객관적으로 관찰하자.

회사 내에 있는 상담실에서 다중지능이론에 의거한 지능 테스트를 하고 나서 아이가 무엇을 좋아하고 잘하는지 명확히 알 수 있었다. 왜 아이가 만들기에 집착하는지, 똑같이 가르쳐주어도 왜 자신만의 스타일로 탈을 만드는지 이해할 수 있었다. 자기가 잘하고 관심 있는 분야에서만큼은 남다르게 집중하는 모습을 볼 수 있었다.

수학에 강점이 있는 아이, 언어에 강점이 있는 아이, 공간감각에 강점이 있는 아이, 운동에 강점이 있는 아이, 미술에 강점이 있는 아이 등 아이들은 타고난 자신의 강점을 평소에 여러 분야에서 자주 나타낸다. 평소 아이의 행동을 주의 깊게 살펴보면 알 수 있다. 무엇을 할 때 행복한 표정을 짓는지, 무엇을 잘할 수 있는지 말이다.

부모의 꿈을 아이에게 억지로 주입시키지 마라. 사춘기부터 반항이 시작될뿐더러, 사춘기를 무사히 건넜다고 하더라도 아이가 자신의 인생을 되돌아볼 때 후회할 가능성이 높다.

우리 집의 경우, 큰아이는 이제 고학년이기에 자기가 좋아하는 것과 싫어하는 것을 명확히 알고 표현한다. 또한 지금 잘하지는 못하는 과목이지만, 필요하기 때문에 노력해야 한다는 것도 알고 있다.

"엄마, 나는 ○○과목은 재미있는데, △△과목은 별로야."

아이가 이런 말을 할 때마다, 사실 나는 아이의 마음보다는 △△과목 점수를 어떻게 하면 올릴 수 있을지를 걱정했다. 그 말을 주의 깊게 들었다면, 아이가 ○○과목에 뛰어난 두각을 나타낼 수 있다는 사인으로 알아들었을 텐데.

다중지능이론(다중지능 테스트는 인터넷상에서 간단하게 할 수 있고, 검증된 기관에서 심도 있게 유료로 진행할 수도 있다) 중 우리 아이가 가지고 있는 재능은 공간지각능력이었다. 그 분야에서 월등히 높은 점수가 나왔다. 그래서 자신의 주특기를 살릴 수 있는 진로를 정하고 꾸준히 나아갈 수 있도록 지도해야 한다는 평가가 나왔다. 나 또한 동감했다. 검사 결과 다행히도 주특기 분야와 아이가 바라는 미래의 직업(건축가)이 일치했다.

이제부터라도 아이가 빛날 수 있는 분야에서 최선을 다해 즐기고, 좋은 성과를 낼 수 있도록 밀어주는 부모가 되어야겠다고 다짐했다. 대학 간판보다는 자신이 원하는 학과로 진로 지도를 해주어야겠다는 생각을 정말 많이 하게 되는 요즘이다.

중년이 되어보니, 자기가 좋아하고 잘하는 분야에서 일을 한다는 것은 최고의 복 중 하나인 것 같다. 이제 우리는 100세까지 살아야 하는 세대를 살고 있다. 좋아하는 일, 잘하는 일, 의미 있는 일. 이 삼박자가 갖춰진 일을 찾아서 한다면 얼마나 행운인가.

2. 고생할 자유를 주자

아이 셋을 키우면서 많은 생각을 한다.

'우리 아이가 언제, 어떻게 고생하면 어른이 되었을 때 도움이 될까?'

아니다. '만회할 수 있는 즐거움을 언제 알면 가장 좋을까?'라는 질문이 더 적절한 것 같다.

나는 초등학교 1, 2학년 때까지 공부를 못했다. 그러다 3학년 때 무서운 호랑이 선생님을 만났다. 시험이 없는 날이 없고, 매일 한 대라도 맞지 않는 날이 없었다. 매시간 쪽지시험을 보고 틀린 개수대로 맞아야 했으므로, '누가 몇 대를 맞았다더라' 하는 일 없이 줄을 서서 매를 맞는 게 당연시되던 날들이었다.

당시 나는 무서운 담임선생님 때문에 심하게 체한 날도 시험을 봐야 한다며 울면서 등교했었다. 어지럽고 토할 것 같은 상태로 하루 종일 수업을 들어야하는 데 시험까지 있으니, 울고 가지 않을 아이가 누가 있겠는가. 학교에 가는 길 내내 울었던 나. 담임선생님 덕분에(?) 집에서도 공부를 해야 했다. 언니, 오빠, 동생들이 모두 놀러나가도, 옆집 사는 단짝이 놀자고 와도 매 맞는 게 무서워 공부를 다 하고 놀았다.

과정은 아름답지 않았지만 결론적으로 득이 되었다. 암기하는 법, 공부하는 법을 터득하게 되었다. 3학년 이후부터 초등학교를 졸업할 때까지 줄곧 상위권을 유지했지만, 중학교 1학년부터는 사춘기가 시작되었다. 공부도 하지 않고 친구들과 놀기 바빴다. 하지만 초등학교 시험은 벼락치기로 가능했으나, 중학교 시험은 시험 범위가 넓어 벼락치기가 통하지 않는다는 사실을 깨닫게 되면서, 중학교 1학년 겨울방학부터 자기주도학습에 대해 고뇌하고 다시 성장했다. 2학년을 올라가서는 첫 시험부터 다시 상위권 유지할 수 있었다. 전교생 중에서 가장 성적 많이 올랐다고 담임선생님께 칭찬받았던 기억이 아직도 생생하다. 인생에서 힘들 때마다 지금도 이 두 번의 만회의 시기가 자신감을 가져다주었다.

만회를 한다는 것은 자신의 가능성과 가치를 깨달을 수 있는 좋은 기회이다. 또한 이때 생긴 자신감은 앞으로도 많은 도움을 준다. 내가 잘 못했던 시절이 있어야 극복의 즐거움을 느낄 수 있다.

나는 아이들이 초등학교 시절, 스스로 공부하다가 막혀서 고민하고 자주 넘어져 울길 바란다. 그래서 잡초처럼 강한 생명력을 갖고 살 수 있기를. 주변 사람들에게 도움을 받아보고, 그들과 더불어 성장한 시간을 소중하게 기억될 순간이 우리 아이들에게도 오길 바란다.

그래서 나는 아이들의 손과 발이 되지 않으려 한다. 그들의 머리가 되지 않으려 한다. 시간이 없는데 학교 숙제를 못했다는 아이들 대신 답을 불러주는 엄마가 되지 않으려 하고, 아이가 찾아서 풀어야 하는 문제를 대신해 주려는 부모가 되지 않으려 한다. "이건 이렇게 외우는 거야, 이건 이렇게 푸는 거야"라고 말해주기보다 자기 스스로 고민해서 자신만의 방법으로 풀 수 있는 아이로 키우고 싶다.

고생해서 얻은 자신만의 비법을 갈고 닦으며, 성장해 나가는 기쁨을 느끼는 아이들로 키우고 싶다. 나는 우리 아이들에게 그런 자유를 허락하고 싶다. 사실 아이들이 초등학교 저학년 때까지만 해도 자기 주도학습을 할 수 있도록 돕는데 총력을 기울였었는데, 고학년이 되니 자연스럽게 교육법이 달라졌다. "나도 혼자 할 수 있어. 엄마는 내가 도와달라고 할 때만 가르쳐 주면 돼"라고 말하는 아이의 말을 무시하고 조곤조곤 알려주면 기분 안 좋아졌다고 10분 쉬고 공부하겠다고 반항을 했다. 이 시기는 아이들이 하자는 대로 두는 것이 더욱 효율적인 방법이라는 것을 알게 된 것이다.

며칠 전 둘째아이가 나에게 말했다.

"엄마, 나 준비물 챙겨주는 거 잊으면 안 돼."

"그 준비물 중에 어떤 준비물이 구하기 어려우니, 엄마가 도와줬으면 하는 것 외에는 준비해줄 마음이 없어. 준비물 안 챙겨 가면 네가 곤란한 거지 나는 곤란한 거 없으니까. 내 준비물은 내가 잘 챙기고 열심히 살아서 좋은 남편 만나 이렇게 사는 거야. 그러니까 네 준비물 네가 잘 챙겨가. 그게 네 인생 열심히 사는 거야. 엄마는 네 인생 열심히 대신 살아줄 이유 없어."

옆에 있던 큰아이가 말한다.

"맞아, 엄마. 챙겨 주지 마. 네 거 네가 챙길 수 있는데 왜 엄마 시켜? 웃긴다. 너가 챙겨가든 말든 우리는 신경 안 써!"

강하게 키운 티가 철철 나는 답변이다. 나는 큰아이를 보며 맞다고 맞장구를 쳤다.

3. 아이의 이야기를 귀담아 듣자.

회사에 다니면서 가장 아쉽게 느꼈던 것은 아이들이 재잘재잘하는 이야기를 공감하면서 들어줄 수 있는 물리적 시간이 너무 부족하다는 것이었다. 휴직기간 만큼이라도 아이들의 이야기를 잘 들어주기로 했다. 아이가 와서 말을 하면 설거지를 하다가도, 빨래를 널다가도 스톱! 왜 월급을 포기하고 잠시 쉬는 건지 나는 잘 안다. 이런 시간을 갖고 싶어서였다.

나는 어린 시절 학교만 다녀오면 미주알고주알 학교 이야기를 떠들기 바빴던 아이였다. 중요한 이야기를 하는 것도 아니었지만, 엄마는 마늘을 까면서 빨래를 개면서 내 이야기에 맞장구를 쳐주시며 함께 깔깔댔다.

하지만 우리 아이들의 이야기를 내가 그렇게 들어주지 못했다. 오늘 자기가 잘한 일, 서운했던 일만 간단하게 이야기하고 만다. 물론, 아이들의 성향이 나와 100% 일치하는 것은 아니겠지만, 엄마의 관심과 사랑은 모든 아이들이 갈구하는 것 아니겠는가. 그래서 요즘 나는 아이들이 이야기를 시작하면 귀를 세우고 온 신경을 다해 듣는다.

'엄마가 그동안 너무 무심했지? 미안해'라는 마음으로 '지금부터라도 잘 들을게'라는 간절함을 담아 열심히 듣는다. 상대가 나의 이야기에 귀 기울여주면 자신도 그 방법을 배운다. 잘 듣는 아이가 말도 잘하고, 글도 잘 쓴다. 복직하면 다시 바빠지겠지만, 아이와 이야기를 하는 시간만큼은 공감하고 격하게 반응해주는 엄마가 되리라 다짐해본다.

4. 자존감 높은 아이로 키우기

'누군가 나를 위해 진심으로 웃고 운다'는 사실만큼 행복한 일은 없을 것이다. 동시에 그것은 삶을 살아가는 데 큰 힘이 되고 높은 자존감이 형성되는데 기초가 된다. 누구보다 열렬히 같은 편이 되어 진심으로 울고 웃는 사람이 부모라는 것을 아이들은 알까? 하지만 이것을 깨닫기에는 아이들이 너무 어린 나이이므로, 내가 자존감 높은 사람이 되는 것이 아이들이 스스로 깨닫는 것보다 더 쉬울 것이라는 생각이 들었다. 자존감 높은 부모가 자존감 높은 아이를 만드는 것이므로.

그래서 자신을 더 아끼고 인정하는 사람이 되기로 마음먹었다. 모든 일에 좋은 의미를 부여하고, 목표로 하고 있는 일들이 가치 있음을 느끼고 이루면 자축하는 엄마. 이런 내 모습에 아이들은 '자화자찬이 심하다'고 하고, 남편은 '생색은 정말 잘 낸다'라고 했지만 앞으로도 계속할 생각이다. 우리 아이들이 나를 보고 긍정의 에너지와 높은 자존감을 배울 것이라 믿기 때문이다.

그리고 아이들에게 엄마가 강의하러 가거나, 잡지에 인터뷰 내용이 실리는 것, 강의 관련 팸플릿이 나오면 박수 치고 기뻐해달라고 주문한다. 다행히도 글을 쓰고 강의를 준비하는 모습을 보면서 더 많은 의미를 부여하고 지지해주는 딸아이들과 남편 덕에 나의 자존감은 더 높아지고 있다. 동시에 아이들의 자존감도 더욱 높아지고 있다고 믿고 있다.

자신이 가치 있는 사람이고, 소중한 사람이라는 생각을 심어주는 일은 꼭 필요한 일이다. 하지만 그것을 실천하는 방법을 찾는 것, 그리고 그것을 실행하는 것은 어렵다. 그래서 나는 평소 긍정의 언어로, 유머러스한 언어로 서로에게 예쁘게 말하는 것을 생활화하자고 했다. 상대에게 예쁜 말을 하면 예쁜 말이 돌아오고, 독한 말을 하면 더 독한 말이 돌아오니까.

5. 최고의 환경은 인성이 바른 부모

최고의 환경은 좋은 집, 좋은 학원, 좋은 학군, 돈이 아니라 인성이 바른 사람과 함께 있는 것이라고 한다. 우리 아이들에게 좋은 환경을 제공하려면 어떻게 해야 할까? 인성이 바른 사람을 아이의 곁에 늘 두기란 쉽지 않은 일이다. 또한 그 인성을 검증할 수도 없다.

그래서 욕심을 버리고, 나와 남편은 더욱 바른 생활을 하기로 다짐했고, 아이들에게도 인성의 중요성에 대해 가르쳤다. 이렇게만 해도 우리 집에는 인성 바른 사람이 5명이다. 서로에게 긍정적인 상호작용을 주고받을 것이라고 믿으면 이보다 더 든든한 좋은 환경이 있을까 싶다.

우리 모두 가치 있고, 좋은 사람들이라는 생각을 자주 하게 만들어 주는 것이 바른 인성을 심어주는 방법인 것이다. 스스로 가치 있고 멋진 사람이라는 생각을 할 수 있는 기회를 주자는 생각에서 사내에서 진행하는 '가족봉사활동'을 몇 년째 하고 있다.

늘 다녀오면서 느끼는 것은 내가 장애우들에게 베푼 것보다 더 큰 마음을 받고 온다는 것이다. 또 인생에 찌들어 앞만 보고 달려왔던 우리에게 자신의 가장 순수한 모습(더불어 살아가기, 남에게 도움이 되는 것을 행복해 하는것, 나눔, 배려, 함께)을 볼 수 있게 해준다.

정기적으로 만나기 때문에 정해진 날짜가 되면 우리 가족을 기다리는 장애우들을 만나러 간다. 그래서 '봉사활동'은 '기다리는 사람들을 만나는 날'이 되었는데, 이렇게 생각하니 봉사하는 것이 더욱 뿌듯하고 반가움 그 자체가 되었다. 봉사활동을 다녀올 때마다 가족 모두가 긍정의 변화를 느끼고, 행복을 한 아름씩 안아 간다는 생각이 든다.

'최고의 인성은 부모가 모범이 될 때 키워진다'라는 말을 조금씩 실천해가며 성장 중인 우리 부부. 매해를 봉사활동으로 따뜻하게 마무리하는 것 같아 기쁘고, 지난해 우리 가족이 약속한 모든 봉사활동이 이루어졌음이 감사하다.

봉사활동을 하면서 우리 아이들은 더 많은 것을 느꼈을 것이라는 생각을 하니, 이 모든 기회를 준 모든 사람들에게 감사함을 느낀다. 역시 아이는 부부만 잘한다고 해서 되는 것이 아니라, 아이들을 둘러싸고 있는 모든 사람들이 함께 힘을 모아 키우는 것임을 새삼 느끼게 된다. 올해도 가족봉사활동을 할 수 있도록 따뜻하고 유익한 기회가 계속 허락되기를 바란다.

2013년 7월 13일	날씨: 더움
제목 : 주몽재활원	

주몽재활원에 두 번째 봉사하러 가는 날이다.

작년에는 한빛맹아원을 갔고, 올해는 주몽재활원에 있는 7살 선우와

나랑 동갑인 12살 명수를 우리 가족이 돌봐주기로 했기 때문이다.

오늘은 선우와 명수를 만나 물감과 동물문양 틀을 이용해

손수건에 동물무늬를 함께 새기는 날이다.

선우에게 손수건에 넣을 무늬와 색을 물어보고 선우의 손에 장갑을 끼워줬다.

나중에 내가 없을 때도 스스로 할 수 있어야 할 텐데…….

명수는 엄마랑 손수건에 펭귄, 사슴을 색칠하고 있다.

주로 보라색을 쓰는 것을 보니, 보라색을 좋아하는 것 같다.

처음에는 낯설었는데, 자꾸 명수가 친구처럼 느껴진다.

나뿐만 아니라 동생도 봉사하러 오면 자연스럽게 장애가 있는 친구랑 잘 지낸다.

봉사활동을 하고 나서 집으로 돌아갈 때 뿌듯함을 느꼈다.

다음에는 또 명수랑 어떤 활동을 같이 할까?

—큰아이 일기 중에서

육아 전략 II
-공부편

,

사내 상담심리사 선생님과 휴직하면 어떻게 아이들이랑 지낼지 걱정이 된다고 이야기를 나눈 적이 있다.

"이제 휴직 시작이네요. 워킹맘일 때는 정신없이 살아서 몰랐는데, 휴직기간 동안 동네 아이들 학원 다니는 거 보면서 괜히 애들 잡다 오는 거 아닌지 모르겠네요. 아이들과 더 친해지고 싶어서 휴직하는 건데, 오히려 소원한 관계로 컴백하게 되는 건 아닐까 걱정돼요."

"몇 가지 테스트를 해보면 어떨까요? 아이들의 유형을 파악하고 이해하는데 도움이 될 거에요. 자기주도학습 정도와 아이의 기질에 맞는 공부법을 알 수 있는 테스트예요."

그중 자기주도학습 정도 테스트와 공부법 테스트는 집에 테스트 지를 가져가서 아이들이 풀게 하고, 테스트지를 제출하면 2주 뒤에 알 수 있다고 했다. 다중지능이론에 의거한 지능테스트는 2시간 반에 걸쳐 아이와 테스트 진행자가 일대일로 지능테스트를 해야 하기 때문에 아이가 상담실로 와야 한다고 했다.

　　"좋은 방법이네요. 모두 하겠어요."

　　셋째 아이도 테스트에 참여시키고 싶었지만, 아직 어리기에 친구들과 잘 어울리고 책을 좋아하는 아이로 키우면 된다는 생각에 무조건적인 사랑만 주기로 하고 마음을 접었다.

　　사실 내가 과학적 테스트 결과에 깊이 신뢰를 하게 된 것은 특별한 계기가 있었다. 몇 년 전 평생 쏟을 눈물콧물을 흘리면서 아이를 키우던 때가 있었다. 아이가 왜 자꾸 이상 행동을 하는지, 일기장에는 온통 암흑뿐이라고 적는지 도저히 이해가 가지 않았다. 모든 수단과 방법을 써도 아이는 달라지지 않아 큰 고뇌에 빠졌다. 상담심리사 선생님과 상담한 결과, 그 아이는 나와 너무나도 다른 기질을 가지고 있다는 것을 알게 되었다. 나와 기질 자체가 다른 아이를 모두 나의 기준으로 채점하고 있었기 때문에 서로에 대한 이해도가 낮아서 발생한 일이라는 것이었다. 선생님이 알려주신 '기질 테스트' 결과를 기준으로 내가 앞으로 어떻게 아이를 이해해야 할지 답을 얻었고, 우리는 전보다 훨씬 평화로운 모녀가 되었다.

그 후 이외에도 많은 테스트(지능검사, 자기주도학습관련 검사, U&I 학습유형검사, 홀랜드 진로발달검사 등)가 있다는 것을 알게 되었고, 휴직하는 이 시점에 점검 받을 수 있는 것이 있다면 그 결과를 기준으로 행복한 육아를 하고 싶었다.

나는 우리 아이들이 얼마나 자기주도학습을 잘하고 있는지 테스트해 보기로 했다. 마침 자기주도학습 관련 테스트지가 회사 내에 비치되어 있다는 이야기를 듣고 집으로 가져왔다. 집에서 나는 큰아이와 둘째아이에게 그것을 풀게 하고, 회사로 가져가 제출한 후 테스트 결과를 기다렸다.

다행히도 아이들이 중간 이상은 하고 있었다. 단지 동일한 시간에 동일한 장소에서 꾸준히 공부하는 습관이 아직 형성되지 않았다는 것을 발견할 수 있었고, 아이들이 불안지수가 높다는 것을 알 수 있었다.

'엄마가 곁에 없어서 그런 걸까? 왜 불안지수가 높은 걸까?'

휴직기간 동안 많은 관심과 사랑을 준다면 자동적으로 불안지수는 낮아질 거라는 이야기를 듣고 그 부분은 패스하기로.

다음은 공부 유형 테스트. 이 테스트는 이미 과학적으로 많은 상담학자들이 검증한 방법이기 때문에 나처럼 휴직을 준비하는 워킹맘이든, 아이의 성적 때문에 골머리를 썩고 있는 전업맘이든 많은 도움을 얻을 수 있을 거라는 생각이 들었다.

큰아이는 호기심이 많아 교과목을 자주 바꾸며 공부해야 효율적이라는 결과가 나왔다. 혼자 놔두면 주변에 있는 많은 호기심거리를 쫓아가 시간을 허비하기 쉽다고 했다. 그래서 공부를 할 때는 엄마가 옆에서 아이의 호기심거리를 차단시키고 여러 과목을 돌려가며 공부할 수 있도록 지도해야 한다는 결론을 얻을 수 있었다.

누가 내 딸 아니랄까봐 학창시절 나와 같은 모습이다. 나와 같은 기질의 큰아이. 나는 사춘기에 막 접어든 딸아이가 원하는 것이 내가 과거에 원했던 것과 비슷할 거라는 생각을 순간 하게 되었다.

사춘기 시절, 나는 스파르타식 기숙학원에 들어가고 싶었다. 많은 호기심들로부터 나를 제어할 수 있도록 안전장치가 잘되어 있는 곳으로. 하지만 내 염원은 이루어지지 않았다. 딸아이와 결과에 대해서 이야기를 나누었다.

"엄마는 어쩌면 그렇게 내 마음을 잘 읽어? 나도 스파르타식으로 배울 수 있는 학원에 가고 싶어."

"그래, 넌 내가 잘 알지. 엄마가 옆에 있어줄게. 느낌 아니까!"

둘째아이는 혼자 꾸준히 한 과목에 장시간 집중해서 공부하는 스타일이라고 한다. 자기가 할 것이 있으면 옆에 다른 사물에 관심을 갖지 않고 하는 스타일이기 때문에 해야 할 일들을 쭉 일정표에 넣어주기만 해도 잘 해낼 것이라고 했다.

예를 들어 학원들을 일정표에 적당히 배치시켜주면 숙제도 알아서 하고, 수업도 제법 잘 따라가기 때문에 부모가 크게 잔소리하지 않아도 편하게 키울 수 있다고 한다. 남편을 키우면서 '공부하라'는 소리 한번 안 하고 키웠다는 시어머니의 말씀이 생각난다. 남편과 기질이 같은 둘째아이. 둘째아이는 남편에게 일임하기로 마음먹었다.

그래서 큰아이는 내가, 둘째아이는 남편이 각각 맡아서 공부시키기로 했다. 기질을 잘 알아서인지 그 뒤로는 아이들과 공부 때문에 싸우는 일이 많이 생기지 않았다. 휴직 전 나에게 좋은 전략을 소개해주신 상담심리사 선생님께 또 감사의 윙크를 안 날릴 수 없게 되었다. 감사합니다!

1. 책을 많이 읽히자

초등학교 시절 가장 많이 신경 쓰고 가장 많은 시간을 할애했으면 하는 것은 역시 독서다.

- 1~8세-양서를 찾아 읽어주면 된다.
- 9~10세-양서를 선별해서 알려주면 독립적인 독서가 가능하다.
- 11세 이후-자신이 선택한 책과 엄마가 권해주는 책을 읽는다.

이 3가지 코스를 밟아온 두 아이를 보면서 보람을 느낀다. 휴직을 하면서 아이들 다니고 싶다는 학원을 등록했는데, 가장 걱정되던 것은 책 읽는 시간을 뺏기면 어쩌나 하는 것이었다. 그래서 요즘은 집 근처 도서관에서 좋은 책들을 자주 빌려다 아이들 책상머리 맡에 놓아둔다. 다 읽으면 그 자리에 놓아두라고 그러면 엄마가 반납해주겠다고 한다. 휴직 전에는 아이들이 읽을 책, 내가 읽을 책을 빌려왔었는데, 휴직한 후로는 내가 읽을 책은 오전에 도서관에서 보다가 온다. 한 회원이 빌릴 수 있는 책의 권 수가 정해져 있으므로 아이들 책을 빌리는 데 모두 쓰는 것이다.

빌려올 때마다 느끼는 것은 책이 참 무겁다는 것이다. 뚜벅뚜벅 집

으로 돌아오며 한 입씩 아이들에게 마음의 양식을 쌓아준다는 생각
에 기분이 좋아지는 것은 역시 엄마라서겠지. 혼자 웃으며 하늘도 보
고 걷는다.

내가 책 읽는 것을 좋아하고, 인생의 벽에 부딪칠 때마다 책에서
답을 찾는 것처럼 아이들도 그렇게 되기를 희망하는 평범한 엄마다.
'좋은 습관은 어려서부터 길러주어야 된다'는 생각을 하면서 막내아
이도 인도 중이다. 자꾸 이 길로 안 들어서겠다며 어깃장을 놓는 막
내. 하지만 나는 믿는다. 아이들이 책에서 즐거움을 찾게 될 것이라는
사실을. 그리고 나는 소망한다. 아이들이 독서의 즐거움을 평생 누리
기를.

2. 조금 더디더라도 기초를 튼튼하게

휴직을 하고 집에 있다 보니, 옆집 아이의 실력을 눈으로 확인할
수 있는 시간이 많이 생겼다. 내가 가장 두려워했던 것. 굳이 외면하
고 싶었던 그것! 왕래를 자주 하지 않아도 옆집 아이의 실력과 진도
는 점쟁이마냥 알게 된다.

차라리 이럴 때는 눈을 감고 귀를 막고 싶다. 하지만 보이고 들린
다. '할 수 없지, 뭐!' 하며 그냥 못 본 걸로, 못 들은 걸로 하자며 속으

로 주문을 외워본다. 하지만 막상 돌아와 아이를 보면 슬그머니 생각이 난다. 다시 한 번 주문을 걸어보지만 소용이 없다.

"옆집 아이는 벌써 영어 문법 끝냈다고 하던대?"

내가 이렇게 이야기하면 아이도 초조한 눈빛을 띈다. 하지만 이내 나는 말을 바꾼다.

"그런데 우리가 그렇게 할 필요는 없어. 우리는 우리만의 스텝이 있는 거니까. 전략대로 한 계단씩 올라가는 거야. 괜히 남 따라 하다가 죽도 밥도 안 될 수 있어. 지금 우리가 가는 길이 맞는 거야. 잘하고 있다고. 그렇지?"

나와 아이는 서로 맞장구치며 근거 있는 자신감으로 불안을 잠재운다. 조금 더디더라도 기초를 튼튼하게 다져가는 것이 맞다. '교육에는 정답이 없다'는 말이 무엇을 뜻하는가? 아이들마다 성향이 다르고, 주어진 조건과 환경이 다르기 때문에 같은 답을 줄 수 없다는 것이겠지. 나와 아이들은 우리만의 길로 걸어갈 것이다. 성패에 책임지는 자세를 갖고 말이다.

3. 아이가 자유롭게 생각을 표현할 수 있게 하자

나이가 들수록 감수성이 점점 메말라가는 것을 느낀다. 많은 일과 사건사고(?)를 경험하면서 설렘의 크기가 작아지는 것 같다. 그래서 막내가 어떤 행동을 해도 가끔 보면 너무 내가 무심하게 반응하는 것 같다. 적절한 타이밍을 놓치고 나면 몰려오는 후회.

어떻게 하면 감수성을 키울 수 있을까? 나는 아이가 조금이라도 귀엽거나 사랑스러운 행동을 하면 핸드폰으로 사진을 찍어 카톡으로 남편과 공유한다. 그리고 나보다 감수성이 더 없는 남편에게 적절한 답장을 딸아이에게 보내라고 강요한다. 그 사이 나는 아이를 물고 빨면서 최고조로 칭찬한다.

한정된 휴직기간 동안 '고슴도치도 자기 새끼는 예쁘다'는 말을 들을 만큼 아이에게 사랑을 표현하고, 아이가 자기의 생각을 표현하는데 거침없도록 응원하는 엄마가 되었다. '한정된 휴직기간'은 '한정된 특별한 시간'을 의미하니까. 아이의 눈높이에서 공감하고 열렬히 지지해주면서 저절로 감수성이 높아지는 나. 가끔 보면 나는 7살, 11살, 12살 소녀다. 유치하다고 말하면서도 즐기고 있는 나다. 그래서 행복하다.

특별한 선물
-주제별 독서활동 및 책 만들기

,

첫째아이는 이제 막 사춘기에 접어들어서 '내가 이렇게 하면 어떨까?'라고 물으면, 자신의 의사를 정확히 표현하기 시작했다. 이런 아이에게 엄마가 이제부터 쉬면서 너의 모든 일정을 컨트롤하겠다고 하면 거부감이 먼저 생길 것이다.

나는 무리수를 두고 싶지 않았다. '모 아니면 도'라는 식의 사춘기적 내 행동이 떠올라서이다. 그래서 딸의 방식을 따르고 바라봐주기로 했다. 아이가 게으르거나 무책임하지 않기에 믿음을 갖고.

하지만 쉬면서 아이와 함께할 만한 것을 꼭 찾고 싶었던 나는 온몸이 근질거린다. 단순한 독서가 아닌 살아 움직이는 독서를 하게 도와주고 싶었다. 방법이 없을까? 고민 시작!

유럽여행 계획을 잡고 있으니, 여행 전과 후에 유럽 관련 책을 읽게 하고 느낀 점을 정리하는 시간을 가지면 좋을 거 같았다. 아이와 함께하고 싶은 일을 적은 위시리스트에 '아이와 책 만들기'가 있었던 것도 기억이 났다. 흥분한 마음으로 아이에게 말하니 아이도 격하게 동조를 한다. 7월부터 분주히 아이들과 본격적인 작업에 들어갔다.

'어떤 책을 어떤 순으로 읽힐 것인가?'

'어떤 책을 선택하면 조금 더 쉽고 재미있게 유럽을 접할 수 있을까?'

계획을 짜면서 아이에게 부담을 주면 안 되겠다는 생각이 들었다. 정해진 분량을 채우기 위하여 노력하는 모습은 좋지만, 그것이 의무가 되어 강압적인 느낌을 주지 않도록. 그래서 독서록도 쓰지 않기로 했다. 2~3줄 자신의 의견을 정리하는 것도 하지 말라고 했다. 많은 책을 두루 읽다보면 서로 얽히고설켜 어떤 망을 형성할 것이다. 나중에 그 망이 어떻게 이용될지는 정확히 예측할 수 없지만, 분명 우리 아이가 살아가는데 큰 도움이 될 것이다.

1. 유럽이 어떤 나라인지, 기온은 어떤지, 그렇다면 어떤 옷이 필요

할지 예측하고 짐을 싸보자.

2. 어떤 음식이 짜고 달고 매운지 예측하고, 비상식량을 준비해보자.

3. 얼마나 물가가 비싼지 알아보고 예산을 짜보자.

4. 길을 물어볼 때 어떤 말을 해야 할지 준비해보자.

5. 어떤 지역에 가면 어떤 미술가의 작품이 많은지, 왜 그 지역에서 많이 활동할 수밖에 없었는지 알아보자.

유럽의 역사를 알면 알수록 비하인드 스토리가 더욱 재밌고 궁금해진다. 왜 식민지를 만들었고, 왜 유럽의 주종교가 가톨릭인지, 왜 교황청의 힘이 그렇게 센지 등. 우리는 유럽의 역사에 점점 빠져가고 있었다. 우리는 유럽에 대해 알면 알수록 꼬리의 꼬리를 물고 '왜 그럴까?' 하는 호기심이 생기는 책을 만들기로 했다.

세상은 아는 만큼 보인다. 책을 읽으면서 드라마나 영화에서 나올 법한 일들이 실제 역사로 이루어졌다는 것을 알고, 후에 다시 접하게 되면 내용이 각인되어 잘 잊혀지지 않고, 다른 사람들과 거기에 대해 대화를 나눌 때도 왠지 모를 뿌듯함을 느끼게 된다.

아이들은 유럽 주제별 독서를 통해 책에서 느꼈던 것과 실제 장소에서 느꼈던 것이 어떻게 다른가를 배우고, 건축물과 미술품을 보고 거리를 걸으며 유럽을 생생히 느끼게 될 것이다. 또한 여행 전과 후의 차이점이 무엇인지 생각해보면서 다시 한 번 주제별 독서를 시킬 계획이다. 그 과정에서 아이들은 한 뼘 더 성장할 것이다.

주제별 독서를 어떻게 시작하는 것이 좋을까?

먼저 큰 밑그림을 그리고 우선순위를 매겨서 준비한다. 어떤 내용이든 수준에 맞게 재밌게 구성된 내용이어야 아이들이 읽을 수 있다. 매일 도서관에서 빌릴 수 있는 책은 한정되어 있는데, 나는 늘 더 많은 책들을 펼쳐놓고 그중에 더 좋은 책을 고르려고 경합하기 바쁘다. 그리고 핸드폰에 찍어둔다. 오늘 빌리지 못한 책들을 다음에 빌리기 위해서 말이다.

이런 작업을 하면 할수록 나와 아이들에게 지식이 쌓일 것이다. 생각만 해도 배가 부르다. 이렇게 즐거운 마음으로 책을 읽으면 학교 공부를 할 때도 '공부 열심히 해라!'라는 말보다 '여기 빌려온 책 좀 볼래?' 하면서 유도하기 쉽고, 아이들 역시 집중하며 읽게 된다.

주제별 독서란 어떤 한 주제와 관련된 책들을 읽고, 그 주제를 알아가기 위해 지식을 쌓고 정보를 모아가는 과정을 말한다. 성인의 경우 어떤 문제를 해결하거나 정보를 얻기 위해 주제별 독서를 한다.

이번 여행을 준비하면서는 아이들은 각 나라의 특징과 도시의 특징, 미술품과 건축물의 특징, 그 나라 사람들의 독특한 생활 문화를 담은 책을 중심으로 읽었다. 나는 나라 간 경제, 정치적 이해관계로 전쟁과 무역이 일어나고, 많은 건축물들이 세워졌음을 하나씩 알게 되면서 세계 역사에 재미있게 빠져들 수 있었다.

'유럽'이라는 주제로 각자 책을 읽고 이야기보따리를 풀게 되었을 때, 아이들은 서로 연관되어 이어지는 역사에 관해 강한 호기심과 흥미를 갖고 토론에 집중했다. 자신이 특히 흥미로웠던 역사에 대해 이야기할 때 아이들의 눈빛은 빛이 났다. 거기에 맞장구를 쳐주면 묻지도 않은 것에 대해서도 촬촬촬 첨언을 한다. 거부반응 없이 한층 더 많은 지식의 망을 갖게 되기 때문에 주제별 독서는 장점이 많다.

혹시라도 잠시 외웠다가 까먹는 지식으로 끝나는 것은 아닐까 하는 마음에 아이들과 두고두고 곱씹을 수 있도록 책을 만들기로 마음먹었다.

우리가 공들여 읽고 알고 가서 느낀 유럽, 가서 보고 난 뒤의 유럽에 대한 생각을 글로 남기고 싶었다. 아이들과 협동하면서 끈끈한 유대감을 느낄 수 있는 작업이다. 출판할 수 없더라도 노력과 추억이 가득 담긴 이 작품에 나는 아이들과 몰두하고 싶었다. 아이들이 커서 추억의 한 페이지로 남게 될 책이니까 더욱 소중히 한 자 한 자 정성을 쏟아 기록하고 싶어졌다. 얼마나 노력하고 정성을 쏟고 시간을 들여 만든 지식의 그물망인지, 추억의 그물망인지 그리고 행복의 그물망인지 나중에 커서도 살짝 꺼내 볼 수 있도록 말이다. 특별한 선물이라고 느낄 수 있게 그리고 엄마, 아빠를 오래도록 기억할 수 있게.

아이들의 문장력을 다시 한 번 보게 되는 이 작업. 나는 아이들에게 어떤 엄마의 모습으로 기억될까를 생각하니 한편으로는 설렌다. 가장 중요한 것은 엄마, 아빠의 감수성을 되살려야 한다는 것이다. 그래야 아이들과 주제별 독서도 재밌게 진행하고, 아이들의 호기심에 적절히 반응해 줄 수 있기 때문이다. 잠시 이성적으로만 살던 삶에 쉼표를 찍자.

공부하라고, 책을 읽으라고 아이들에게 잔소리만 하는 엄마보다 함께 책도 읽고 토론도 하면서 엄마를 보고 아이들은 커간다. 물론, 사춘기 전에 이 시스템이 확립이 되고, 아이에게 각인되어 있어야 한다. 사춘기가 오면 부모가 컨트롤 할 수도 없을 뿐더러, 컨트롤 하려고 들면 트러블만 생기니까.

유럽 관련 주제별 독서 목록

NO	도서 제목	출판사
1	그림 지도로 본 일곱 대륙	그레이트북스
2	명탐정 셜록홈즈의 사건집	글송이
3	명화 속에 숨겨진 사고력을 찾아라	김영사주니어
4	어린이를 위한 오페라 이야기	느림보
5	만화 서양미술사(원시미술에서 다빈치까지)	다빈치
6	역사를 만든 사람들 시리즈-빈센트 반 고흐	다섯수레
7	어린이를 위한 이주헌의 주제별 그림 읽기(정겨운 풍속화는 무엇을 말해줄까) 시리즈	다섯수레
8	세계에서 가장 위대한 건축 5	동녘
9	이주헌 아저씨의 날아다니는 미술관여행	동양문고 상상공방
10	다빈치	두손미디어
11	밀레/두손 위인전기(세계편 11)	두손미디어
12	위대한 도전 시리즈-자연과 꿈을 빚는 건축가, 가우디	뜨인돌어린이
13	세계 미술관 기행-내셔널 갤러리_런던	마로니에북스
14	세계 미술관 기행-대영 박물관_런던	마로니에북스
15	세계 미술관 기행-루브르 박물관_파리	마로니에북스
16	세계 미술관 기행-오르세 미술관_파리	마로니에북스
17	세계 미술관 기행-우피치 미술관_피렌체	마로니에북스
18	어린이를 위한 음악동화 시리즈(8권)-피가로의 결혼, 마술피리, 나비부인 등	보물상자
19	오페라의 유령	보물상자
20	역사를 만든 여왕 리더십 시리즈(20권)-엘리자베스1세 등	북스
21	세상을 이끈 여성파워 시리즈(10권)-마거릿 대처, 코코샤넬 등	비룡소
22	거짓말쟁이와 모나리자	사계절
23	공부가 되는 세계 명화	아름다운 사람들
24	공부가 되는 유럽이야기	아름다운 사람들
25	프렌토 영국	아메바 껌북스쿨
26	프렌토 프랑스	아메바 껌북스쿨
27	프렌토 이탈리아	아메바 껌북스쿨
28	프렌토 독일	아메바 껌북스쿨
29	그림으로 만난 세계의 미술가들-외국편(12권 세트) 시리즈 (모네, 로댕 등)	아이세움

30	이탈리아에서 보물찾기(미국, 이집트, 호주, 러시아, 뉴질랜드, 브라질)	아이세움
31	빈센트와 반고흐	아트북스
32	20세기를 만든 사람들—윈스턴 처칠, 아돌프 히틀러, 안네 프랑크 등	어린이작가정신
33	천년의 그림여행	예경
34	모차르트, 천 번의 입맞춤	예담
35	비주얼박물관4 무기와 갑옷	웅진
36	비주얼박물관25 결정과 보석	웅진
37	비주얼박물관35 서양의 복식	웅진
38	비주얼박물관37 고대그리스	웅진
39	비주얼박물관43 중세의 기사	웅진
40	비주얼박물관49 중세의 성	웅진
41	비주얼박물관50 바이킹	웅진
42	비주얼박물관59 해적	웅진
43	도시로 떠나는 세계문화탐험(런던, 파리, 로마, 밀라노)시리즈	웅진다책
44	생각이 열리는 세계문화여행 시리즈	웅진다책
45	명화와 만나는 세계 미술 여행4—런던, 파리, 로마에 가다	웅진주니어
46	세계의 미술가 기행—모네 등 시리즈	웅진주니어
47	후워즈 어린이 롤모델 시리즈(30권)—엘리자베스여왕, 아인슈타인 등	을파소
48	베니스의상인/논술대비세계명작	지경사
49	노트르담의 꼽추/논술대비 세계명작	지경사
50	폼페이 최후의 날/논술대비세계명작	지경사
51	호머이야기/논술대비세계명작	지경사
52	요리조리 맛있는 세계 여행	창비
53	아틀라스 세계는 지금(정치 지리와 세계사)	책과함께
54	내셔널 지오그래픽 세계 위인전—미켈란젤로	초록아이
55	빌리 엘리어트	프로메테우스
56	글로리아위인전기세계12다윈	한국뉴턴
57	글로리아위인전기세계13나폴레옹	한국뉴턴
58	고딕성당	한길사
59	도시(로마의 도시설계와 건축에 관한 이야기)	한길사
60	땅속세상	한길사

Q. 로마의 최대 유명지 콜로세움은 왜 보존이 잘 되지 못했는가?
A. 실용주의적인 로마사람들은 콜로세움이 어느 순간 필요하지 않다고 느껴지자, 콜로세움을 건축할 때 들어간 대리석을 깨다가 신축하는 건물의 건축자재로 사용하였기 때문이다.

· 어떻게 유럽은 건축술과 예술 측면에서 세상을 압도할 수 있었는가?
· 메디치가문이 만든 피렌체의 미술거장들(보티첼리, 미켈란젤로 등)과 일화
· 부의 대명사이던 메디치가문은 당대에 어떤 영향을 미쳤는가?
· 베네치아 사람들은 어떻게 부를 일구었고 그 부를 유지하였는가?
· 로마의 바티칸이 하나의 국가가 된 이유?
· 폼페이를 통해 배울 수 있는 건축학과 문화는 어떤 것인가?
· 스위스 용병은 얼마나 용맹하였는가?
· 스위스는 왜 중립국을 선택하고 인정받을 수 있었을까?
· 베르사이유 궁전에는 화장실이 없다고 한다. 그 이유는?
· 파리의 지하수도 공간이 넓게 만들어진 이유는?

· 우리나라와 유럽의 건축물 차이점은 왜 만들어지는 것일까?
· 유럽의 경우 항상 수도가 발전된 것은 아닌데, 우리나라는 수도만 비대하게 발전된 경우가 많다. 왜 그런 차이가 있을까? 스위스의 경우 수도는 베른이지만 실제 경제중심은 취리히라는 것을 생각해 봤을 때 한번 비교해보자.
· 유럽의 마트들도 우리나라의 이마트, 롯데마트처럼 물건이 진열되어 있을까?
· 유럽의 백화점은 어떻게 다를까? 실제 가보니 어때?
· 유럽의 공원과 우리나라 공원의 차이점, 유럽의 놀이터와 우리나라 놀이터의 차이점 등

평생을 함께할
자기주도학습 잡아주기

,

국어

공부를 잘하기 위해서는 기본적으로 국어능력이 뒷받침되어야 한다. 전제조건을 잘 파악하고, 이해해서 응용해야만 풀 수 있는 시험 유형이 늘고 있다. 수능 지문 역시 한 문제당 주어지는 시간은 짧은데 반해 지문이 길다. 요점을 파악하고 지문이 의미하는 바를 잘 해석해야 한다는 것이다.

글을 빨리 읽는 것이 물론 도움이 되기는 하지만, 속독을 한다고 해서 모든 것이 해결되는 것이 아니므로 속독학원을 보낼 필요성은 아직까지 못 느끼고 있다. 속독해야 할 글과 천천히 정독해야 할 글이 있는데, 어려서 이 기술을 배우면 그것을 구분하지 못하고 모든 글을 속독하게 된다고 한다. 따라서 어려서부터 바른 독서습관을 바탕으로 다독을 하다보면 자기도 모르는 사이 읽는 속도가 빨라지는데, 이것을 몸소 익혀야 한다는 것이다. 따라서 나는 학원 대신 아이가 스스로 책을 선택하여 즐겁게 읽는 기회를 자주 주기로 했다.

또한 각 문단의 요점을 한 줄로 요약할 수 있는 능력을 길러주어야 한다. 지문의 뼈대를 몇 줄로 정리할 수 있다는 것은 1차적으로는 논술시험을 대비하기 위해, 2차적으로는 사회에 나가 누군가를 설득하고, 자신의 주장을 논리적으로 펼칠 때 핵심이 되는 기술이다. 점점 토론이 중요시되고, 자신의 의견을 표현해내는 능력이 부각되는 시점에서 우리가 준비해야 할 것은 무엇일까? 좋은 글을 많이 읽어보고 참고해서 말과 글을 멋지게 쓸 수 있다면 이보다 더 좋은 공부가 과연 있을까? 문제 하나 더 맞고 틀리고가 중요한 것이 아니다.

회사원으로 14년간 근무하면서 느끼는 것은 국어능력이 업무 추진, 대인 관계 등에 가장 큰 영향을 미친다는 것이다. 한 줄로 간결하게 표현해야 할 때, 여러 사례를 들어 쉽게 표현해야 할 때, 사례를 어디 위치에 놓아야 가장 적절한지 등을 깊게 고민하지 않고, 많은 사람들 앞에서 일사불란하고 논리정연하게 풀어내는 능력을 키워주려면 어떤 준비를 해주어야 할지 생각하지 않을 수 없다.

초등학생이 책 한 권을 요약하기는 아직 어렵다. 그래서 어린이 신문을 정기구독하여 칼럼에 나온 글을 요약하는 습관을 길러주는 중이다. 적은 분량이지만 기승전결로 나누어져 있고, 부모가 시간을 잠시 투자해 지도해주기도 적당하기 때문이다.

5학년인 큰아이를 대상으로 했는데도 어려워했다. 하지만 시간이 갈수록 글의 뼈대를 이해하고 핵심을 파악하는 시간이 단축되는 것을 보면서 시키길 잘했다는 생각이 든다. 매일같이 지도하기는 현실적으로 어렵기 때문에 나처럼 한 주에 한 번씩 몰아서 지도해주면 좋지 않을까 한다.

한자능력 또한 준비해두면 좋다. 고학년으로 갈수록 한자가 많이 나오기 때문에 초등학교 때부터 한자능력을 신장시킨다면 국어공부가 수월지는 것은 너무나 당연한 것이다. 한자능력검증시험도 있는데, 서점에서 살펴보니 좀 어려웠다. 그래서 한자음을 읽을 정도만 되어도 많은 도움이 될 것이라는 판단, 어렵지 않게 접근하기로 했다. 사실 성인인 나도 한자 1000개를 득음하기 어려운데, 초등학생에게 쓰는 것까지 마스터해서 자격증 시험을 보라는 것은 무리라고 생각해서이다. 적당히 타협하고 취하는 것이 역시 중요하다는 생각이 들었다.

아이가 책을 읽다가 어려운 단어를 만나면 문맥으로 이해하고 넘어가는 경우가 많은데, 이것은 한 단계 업그레이드 될 수 있는 기회를 놓치는 것이다. 글의 흐름이 끊길 정도가 아니라면 가급적 책 옆에 국어사전을 옆에 펼쳐보면서 정확한 뜻을 인지하고 문장 속의 단어의 쓰임에 유의하며 읽도록 하면 좋다. 새로운 단어를 단어장에 따로 정리한다면 더 좋겠지만, 독서의 즐거움이 많이 줄어들고, 읽는 속도에도 브레이크가 걸리는 만큼 이 부분은 넘어가기로 했다.

요즘은 초등학교 때부터 많은 학원을 다니는데, 학원을 다니는 것도 좋지만 아이가 스스로 책을 읽을 수 있는 환경을 가정에서 만들어주는 것이 먼저다. 아니, 기본이다. 방과 후부터 밤늦게까지 학원 순회해봤자 머리에 남는 것도 많지 않고 혼자 공부시간을 어떻게 운용해야 하는지 방법을 터득하기 어렵기 때문이다.

논리력을 신장시키는 가장 좋은 것은 수학이다. 내가 이렇게 말하면 아이들은 논리력과 수학이 무슨 관련이 있는지 모르겠다며 생소해한다. 그러면 나는 아이들에게 이렇게 이야기한다.

"수학은 고학년으로 갈수록 난이도가 높아지지? 난이도가 어려워질수록 어떻게 풀어야 할지 고민하고 여러 궁리를 해봐야 해. 그러다 그중 한 가지 방법으로 문제를 풀어내는 거야. 푸는 방법을 찾는 것도, 그 방법을 찾아서 풀이하는 과정도 모두 논리력이 필요하지. 수학을 공부할수록 논리력은 자연스레 신장되지. 실생활에서는 덧셈, 뺄셈, 곱셈, 나눗셈만 하면 되니까 수학이 필요 없는 학문이라고 느낄수도 있지만, 큰 그림으로 보면 논리력 신장에 가장 기본이 되는 것은 수학공부야."

이렇게 중요한 수학을 자기주도학습 할 수 있도록 습관을 길러주는 것은 매우 중요하다. 어떤 방식으로 그 습관을 기르게 할 것인가? 초등학교 수학은 사고의 힘보다는 연산의 힘을 강조하는 단계이다. 사고의 힘을 강조하는 중고등학교 수학과는 다른 연산 위주의 정확성과 신속성을 강조하는 수학 공부이기에 거기에 초점을 두고 아이들이 공부하도록 도와주고 있다.

적당한 연산 문제집 한 권을 사서 매일 예습하고 복습할 수 있게 하면 된다.

수학공부 체계

1. 수학은 선행보다 단계마다 완전 학습을 해야 한다.
2. 수학은 감각을 익혀야 하는 학문이다. 매일 한 문제씩이라도 꼭 풀게 해야 한다. 기본적인 연산도 자주 풀어야지 그 감을 계속 유지할 수 있다. 매일 안 풀면 감이 떨어져서 수학을 잘 못하게 된다.
3. 강압이 아닌 편한 마음으로 공부할 수 있는 분위기 조성을 해줘야 한다.
4. 한 단원 개념을 한 번에 설명해준다.
5. 문제는 아이 혼자 알아서 공부하고, 모르는 문제만 문제집에 ∨표시해 놓는다.
6. 부모가 집에 와서 채점하고, ∨표시한 것은 별도로 설명해주고 문제집에 ★표로 표시한다. 그 문제를 정확히 이해할 때까지 응용문제를 4~5개 풀게 하여 완전 학습을 시킨다. 부모에게 아이가 설명하게 해본다.
7. 아이는 ∨표시 안 한 것 중 틀린 것은 자기 혼자 다시 한 번 풀어 본다. 실수로 틀릴 수도 있으니. 그래도 또 틀리면 부모가 문제집에 ★표로 표시하고 설명한다. 그 문제를 이해할 때까지 응용문제를 4~5개 풀게 하면서 완전 학습시킨다. 부모에게 아이가 설명하게 해본다.
8. 시험 볼 때는 개념과 틀린 문제 위주로 공부한다. 문제집에 ★표로 표시된 문제는 부모에게 아이가 다시 풀이법을 설명한다.
9. 오답노트는 한 학기가 다 끝나면 한번에 문제집에 있는 것을 잘라서 공책에 붙인다. 귀찮으면 겨울방학 때 공부한 심화문제집만 따로 버리지 말고 보관하여 참고한다.

10. 방학 전 주에 그 학기 개념 및 오답 총정리를 한번 한 후, 겨울방학 때 아이가 고난도 문제를 푸는 재미를 느낄 수 있게 한다. 그래서 그 문제를 도전해서 풀 때마다 자신감이 붙고, 단계별 완전 학습을 할 수 있도록 해야 한다.

- 《불량엄마》 중에서

예습은 한 단원씩만 선행해도 아이가 수업시간에 수학이 어려워서 싫다는 소리를 하지 않았다. 남들이 1~2년씩 선행해서 수학공부 가르친다고 할 때 나는 6개월만 선행해도 무리가 없다고 판단했다. 하지만 아이들을 키워보니 초등수학을 6개월까지 선행할 필요도 없었다. 연산학습지를 매일 하다 보니, 6개월 정도의 선행은 누구의 도움을 받지 않아도 교과서를 보면서 스스로 아이가 해냈다.

수학문제집을 한 권 더 사서 응용문제를 풀게 하는 게 얼마나 효과적일까? 그렇게 하면 국어공부와 영어공부 그리고 제일 중요한 독서 시간은 어떻게 확보할 수 있을까 하는 생각이 들었다.

나에게 불안하지 않냐고 묻는 사람도 적지 않다. 하지만 교육에는 정답이 없기 때문에 우리 페이스대로 걸어가는 것이다. 만점을 받는 것이 목표라면 며칠 간 날을 잡아서 하루 종일 공부시키면 된다. 하지만 나는 그렇게 하고 싶지 않다. 매일 자기가 하고 싶은 것을 하며 노는 시간을 확보하는 것도 중요하고, 독서시간이 줄어드는 것도 안타

깜기만 한 초등학교 시절이기 때문이다.

　무엇이 먼저일까? 각자 생각이 다르겠지만, 나에게는 독서가 우선
이다. 수학 또한 학교 진도를 따라가기 힘들고 어려워서 재미없다는
생각만 하지 않을 정도라면 만족한다. 문제를 풀 수 있는 사고력, 논리
력이 반드시 수학문제를 자주 많이 풀어야 느는 것이 아니라는 생각
때문이다. 나이에 맞게 아이의 뇌가 성장한다고 생각했을 때 우리나
라 교육부에서 교과서를 편찬하는 전문연구원들이 그것을 배제하고
교과과정을 편성하지 않았을 것이다.

　우리 아이들이 중학생이 되어 좀 당황할 수도 있겠지만 나는 믿는
다. 그 나이에 받아야할 적당한 자극, 즉 스트레스가 아이의 두뇌를
개발하도록 돕는 요소라고.

　영어는 사실 나도 내가 잘하는지 모르겠다. 다만 과거 수학능력시험을 보던 고3 시절을 떠올리며 어떻게 공부하는 것이 효율적인지 깨달았으므로 그렇게 아이들을 가르치고 있다.

　영어는 무엇보다 많이 들어야 하고, 많은 단어를 외워야 하고, 문법을 알아야 하고, 빠른 속도로 문장을 해석해내는 능력이 필요하다는 것을 전제로 공부법을 계획했다. 스피킹은 나도 취약한 부분이기 때문에 아이들에게 어떠한 준비도 못해주고 있다.

　큰아이가 초등학교 5학년이라 중학교 영어 자습서를 사다가 예습을 시킬까도 잠시 생각했는데, 6학년 때 가르치면 되지 않을까 하는 생각으로 그만두었다. 3~4학년까지는 학교에서 배우는 영어교재로 가르쳤다. 내가 중학교 1학년 때 영어책을 처음 받았을 때의 멘붕 상태를 기억하기 때문이다. 매일 문장을 따라 읽고 거기에 나오는 단어를 외우는 것만으로도 버거웠던 시절. 그때를 또렷이 기억한다. 그리고 1년이 지났을 때 '영어가 이런 거구나!' 하는 감이 잡히기 시작했고, 그때부터 선생님이 알려주시는 영어 문법이 그렇게 재밌게 들릴 수가 없었다. 그리고 단어도 좀 외우면 대충 해석도 된다는 것이 신기해서 자꾸 단어를 더 많이 외워야겠다는 욕심도 생겼기 때문에 단어장을 사서 외우기 시작했다.

지금 아이를 가르치면서도 섣부르게 진도를 나가는 것을 꺼리는 이유는 이런 경험 때문일 것이다. 영어가 어려운 과목이 아니기에 누구나 서서히 하려고만 하면 충분히 잘할 수 있는 과목이라고 믿는다. 단지 회화 부분은 제외하고 말이다. 가장 쉬운 방법은 영어권 나라에 1년 이상 머물게 하는 것이지만, 아이가 셋이고 남편과 기러기 부부로 살고 싶지 않은 내게는 적당한 방법이 아닌 것 같다.

그래서 현재 누구나 알고 있는 방법인 영어듣기 20분, 단어 외우기, 문장 따라 읽어보기로 아이를 가르치고 있다. 문법책도 한 권 사서 딸아이에게 가르쳐 보았다. 딸아이는 역시 어려워했지만 학교에서도 문법을 배우고 있으니, 대충 감은 온다고 말한다.

휴직 6개월간은 아이와 내가 목표로 하는 수준까지 직접 가르치고, 그 이후부터는 학원의 도움을 받으려고 생각 중이다. 이 방법은 어디까지나 우리 집 스타일이므로 아이의 성향에 따라 부모의 가치관에 따라 맞춤형 공부법을 찾길 바란다.

고학년 아이들의 위시 리스트

기간: 2013년 07월~12월

No	항목	기대 효과
1	소년조선일보 명예기자	개인 역량 향상
2	소년조선일보 일부 기사 요약정리	글 요약 능력 향상
3	검도, 수영, 스키 배우기	건강, 체력 증진
4	한국사 능력검정시험 초급 자격증 따기	한국사 총정리
5	워드 200타	컴퓨터 활용능력 향상
6	유럽여행 및 유럽 주제별 독서 100권	여행을 통한 안목 넓히기, 꿈 동기부여
7	start with English readers 영어책 시리즈 공부하기	영어 능력 신장
8	한글 경필 쓰기(글씨 교정용)	글씨 교정
9	수학 연산 속도 향상 (구몬 수학 학습지 풀기)	연산 속도 향상
10	엄마랑 같이 책 쓰기	글쓰기 능력 배양
11	가족봉사활동(총 3회, 총 24시간)	배려, 나눔, 같이를 통한 행복 추구

4장

가족 충전
-가족배낭여행을 떠나다

유럽, 일단 떠나고 봅시다

,

　나보다 나이가 5~6세가 많은 언니들과 회사에서 친하게 지낸다. 나보다 5년 이상의 인생선배이기 때문에 선택의 기로에 섰을 때 2가지 선택에 대한 장단점을 들을 수 있다.

　공감 가는 많은 이야기 속에서 또 하나를 건지게 되었다. 집에 작아진 아이들 옷이 있다며 주겠다고 점심을 같이 하기로 한 언니. 그 언니는 내게 아이들 공부시키는 방법과 이런저런 세상 살아가는 이야기를 많이 해준다. 일하는 분야도 같지만, 서로 살기 바빠 가끔 이렇게 짬을 내서 이야기를 듣곤 한다. 일도 가정도 야무지게 잘 꾸리며 사는 언니의 말을 들으면서 아이들에게 가장 해주길 잘해준 게 무엇인지 물었다.

"몇 년 전에 내가 번 돈으로 가족끼리 유럽으로 배낭여행을 다녀왔는데, 그게 제일 잘한 선택인 것 같아. 큰아이와 작은아이가 초등학교 고학년이 되면서 정말 큰마음 먹고 내가 번 돈으로 다녀왔어."

그 말을 하면서도 그때가 떠오른다며 환한 미소로 답하는 언니의 모습. 그러나 당시 우리 아이들이 초등학교 1, 2학년이었으므로 꿈도 꾸지 못했다. 그 말이 내 가슴에 콕 박혀 있었는지 큰 아이가 고학년이 되면서 언니의 말과 미소가 떠올랐다.

'나도 한번 해볼까?'

계획하에 돈을 모은 것이 아니었으므로 남편에게는 복직하면서 벌겠다는 명목 아래 차 바꾸려고 모아둔 돈을 빌려달라고 했다. 우여곡절 끝에 결국 승낙은 떨어졌다.

"대신 계획은 네가 책임지고 100% 짜!"

"좋아. 바로 항공권 끊을 거야."

나는 큰소리치면서 한껏 들떴다. 대답은 잘했지만 항공권을 혼자 예매해본 적이 없어 걱정이 앞섰다. 인터넷으로 여러 사이트와 카페로 조사를 시작했지만 조사를 하면 할수록 블랙홀이었다. 항공권만 해도 몇 백만 원이 훌쩍 넘어가기 때문에 환불규정 등도 꼼꼼히 확인해야 했다. 그런데 본격적으로 가격 대비 좋은 항공을 찾아 예약하려고 보니, 문득 날짜도 정하지 않았다는 사실이 떠올랐다. 이제야 물어보기 시작하는 나.

"나는 휴직기간이라 상관없고, 자기 일정은 어떻게 돼?"

"9월에 가자. 너 휴직해서 좀 놀다가 지겨워질 때쯤?"

"좋아."

인터넷으로 유럽여행 패키지 상품을 보다가 가격에 입이 떡 벌어졌다. 패키지가 아닌 자유배낭여행으로 방향을 틀었다. 큰딸의 꿈이 '건축가'라고 했으므로 테마는 '서유럽 건축명소 관람'으로 정했다. 테마는 이것이었으나, 모든 일정을 그렇게 맞추지는 않았다. 다른 가족들의 기호와 충전도 중요했으므로.

취소 또는 환불시 조건이 가장 불리한 항공권으로 예매했다. 이 티켓은 웬만한 이유를 불문할 수 있는 강제 조건이 될 것이다. 얼마나 많은 밤을 머리를 싸매며 계획을 짜야 하는지 상상조차 못해 보고 일단 지른 나.

항공권으로 배수진을 쳤지만, 비용에 나의 의지가 심약해질 것을 대비 친한 지인들에게 여행을 간다고 말해놓았다. 그리고 남편에게 올해 회사 평가를 버리는 한이 있더라도 꼭 일정에 맞춰 휴가를 내라고 푸시 업! 유럽여행을 다녀온 지인들에게 간단하게 숙소와 나라별 머물 시간을 점검받았다. 결론은 남에게 의지해서 풀 수 있는 것은 2%, 스스로 준비해야 하는 것이 98%라는 것이었다.

지인들로부터 '우리는 어린아이를 동반한 가족여행이 아니었으므로, 다양한 연령의 아이들이 있는 경우 아이들의 체력이 얼마나 받쳐줄 수 있을지 장담할 수 없다, 5인 가족이 묵을 숙소는 한 번도 예약해 본 적이 없다, 7세 아동이 있기 때문에 패키지는 벅찰 것이다'라는 이야기 등을 들을 수 있었다. 특히 아이들이 패키지로 유럽여행을 가면 오후 2~3시 넘어가면서부터 체력이 급격히 떨어지면서 다리 아프다고 징징대는 것을 많이 봤다고들 한다.

'아, 남들 안 가는 길을 간다는 게 이런 거구나!'

막내를 빼고 갈까 스치듯 생각했지만, 무슨 일이 있더라도 우리 가족 5명 모두 가겠다고 결심했다. 밀가루 음식을 잘 먹지 못하고 물 갈이를 심하게 하는 남편, 그리고 그 피를 약간은 이어 받았을 거 같은 딸들. 돌을 씹어 먹어도 멀쩡한 나랑은 다른 인간들. 이밖에도 요구하는 조건이 각양각색이었기 때문에 고려해야 될 점이 하나둘이 아니었다.

1. 남편 - 절대 야간열차는 타지 않겠다. 모든 일정은 성인의 2배 시간으로 여유 있게 짜라.

2. 나 - 가족여행보험을 들고, 비상약을 한 가방 챙겨가겠다.

3. 큰딸 - 가능한 한 유명한 곳은 모두 섭렵하고 싶다.

4. 둘째딸 - 한 가족이 모두 한 방에 자야 한다.

5. 막내딸 - 영어를 못하니 한국말이 안 통하는 나라는 가기 싫다 (유럽에서 한국말이 통하는 곳은 민박집밖에 없으니, 가족 모두 가면 너만 집에 혼자 있어야 된다고 하니 따라가겠다고 했다).

이 모든 조건을 다 만족시키는 일정을 짜야 한다. 5명이 한 방에 자야 하므로 나라별로 한 숙소에서 머물러야 했다. 지하철역에서 가까워야 하고, 치안이 안전한 곳이어야 한다. 최소 하루 두 끼는 한식으로 먹어야 한다. 숙소에서 여행지까지의 동선을 고려해서 정해야 하고, 가급적 인터넷 후기가 좋은 곳으로. 기차로 4시간 이상 가는 경우는 1등석으로 예약한다. 여행의 피로도를 최소화시켜야 한다. 하지만 전체적으로 경비는 저렴하게.

나는 나만의 숙제보따리를 들고 서점으로 향했다. 《JUST GO》, 《유럽 100배 즐기기》 2권을 고심해서 샀다. 책을 독파하고 인터넷 서평을 통해 정보를 취합하기로 했다.

> **6개국 계획**
> 영국→프랑스→독일→오스트리아→스위스→이탈리아
>
> **4개국으로 축소**
> 영국→프랑스→스위스→이탈리아
>
> 총비용 2600만 원

여행경비로 2000만 원 이상을 쓴다는 것이 쉬운 결정은 아니었지만, 가치 있는 일일수록 기회비용은 클 수밖에 없다. 어차피 이 여행은 계획부터 쉬운 일이 아니었고, 지금 와서 물릴 수도 후회할 수도 없으므로 일단 GO!

한 가족이 숙박 가능한 숙소 예약과 나라 간 기차 예약하기. 영어가 짧아 걱정했지만, 오지랖 넓고 친절한 블로거들 덕분에 단 한 번의 실수 없이 예약할 수 있었다. 이제 드디어 간다. 모든 예약은 100% 선불로 지급하고, 신용카드로 사용하고 가급적 현금은 적게 들고 가기로 했다.

시간이 남는다. 유럽에 가기 전 풍부하게 사전지식을 쌓고 가야지. 나는 아이들에게 유럽 관련 건축, 미술, 음악 등에 관력 책을 접하게 했고, 남편은 EBS 〈세계로 간다〉, 〈꽃보다 할배〉 등의 유럽 관련 프로그램을 다운받아서 아이들과 주말에 밥 먹을 때마다 함께 보았다. 남편은 한 달 전부터 아이들에게 여행 가서 입을 옷을 싸보라고 했다. 각자 자기 학교 책가방에 들어갈 만큼만.

책과 인터넷을 보면서 어디를 가야할지 끊임없이 목적지를 변경하는 마누라 옆에서 아직도 결정 못했냐며 한숨을 쉬는 남편, 앞으로 어떤 일이 일어날지 짐작조차 못한 채 자기가 입을 옷가지만 싼 아이들, 가기 전날 환전하고, 비상약과 비상식량을 사느라 카드 긁고 다니는 나.

비행기 타는 날 0~5시까지 가족들 짐 챙기기 시작하는 나. 새벽 6시에 일어나 30분 동안 7개의 여행 가방을 4개로 만든 남편. 그렇게 우리 가족의 좌충우돌 여행은 시작되었다.

- 여행 일정은 《JUST GO》와 《유럽 100배 즐기기》 써머리(얇은 책자) 참조하기로 결정
- 궁금한 건 그 자리에서 로밍으로 인터넷 서치
- 나라별 이동 관련 정보는 앱 설치하여 서치

7시 공항버스를 타고 출발해서 공항에서 핸드폰 로밍을 신청하고, 인터넷 면세점에서 산 카메라를 찾아 출국했다. 분명 우리 가족에게 최고의 선물일 거라는 확신을 갖고 있었지만, 비행기 안에서 설렘보다는 '어떻게든 무사히 안전하게만 다녀오자'로 생각이 바뀌었다. 남편은 여행안내는 네가 한다는 말을 꼭 실천하라고, 자기는 그냥 짐꾼만 하겠다고 거듭 강조했다.

아이들은 영국항공 남자 스튜어드에게 관심을 조금 보이다가, 기내 과자를 먹으며 학교 숙제인 일기 쓰기에 돌입했다. 남편은 새로 산 카메라 세팅 및 매뉴얼 읽기 바쁘고, 막내딸은 아빠 카메라 테스트 모델이 되주었다. 밤 새워 짐을 싼 나는 졸려서 자고. 논스톱으로 12시간 날아가 14:40분 영국 히드로 공항에 도착했다.

♥ Tip. 장거리 비행기내 주의사항

1. 기내에서 아이들 꼭 재우기(안 재우면 도착 후부터 졸려서 짜증내기 시작)
2. 기내식사 때 나오는 컵, 수저, 칫솔 챙기기(여행 중 사용하면 유용)
3. 과자 챙기기(숙소 이동시간 중 먹기)
4. 기내 구름사진 찍기(바다 같아서 멋짐)
5. 화장실 사용법 공유, 비즈니스룸 구경시키기, 식사메뉴 선정법 공유

영국 1일 째(8/기, 토요일)

비행기 내에서 아이들 옆자리에 한국인 여자 분이 있어 컵라면과 과자를 챙겨주
었을 뿐인데, 고맙다며 짐 찾기와 오이스터 카드(영국 교통카드) 구매를 도와주시
겠다고 했다. 수화물을 찾고 오이스터 카드 구매 후, 익스프레스 버스표를 구매
하는 곳까지 잘 찾아왔다.

이제 우리 가족만 남았다. 들이대는데 일가견이 있는 나는 콩글리쉬를 시작했다.
첫 번째 미션 버스표 구매하기. 줄 서서 구매하려고 하는데, 연착으로 버스가 언
제 도착할지 모른다는 답변에 기절초풍. 차선책으로 시차 적응이 안 되는 짜증
이 슬슬 올라오기 시작하는 아이들을 데리고 지하철로 이동하기 결정했다.

캐리어를 들고 낑낑 대며 지하철 계단을 오르는데, 캐리어를 들어주는 멋진 영
국신사들. 땡큐! 빅토리아 코치 스테이션에서 10분 거리인 민박집에 저녁 6:30분
도착. 짐만 놓고 다시 나와서 버스지도를 무료로 주는 곳에서 한 장 챙기고, 11번
버스 타고 웨스트민스터, 빅벤, 국회의사당, 런던아이 야경감상 후 9:30분 귀가했
다. 그래도 다행이다. 지하철도 버스도 무사히 탈 수 있어서.

시차 적응을 위해 꼭 밤 10:30분 이후에 자라고 당부해 주시는 민박집 주인아주
머니 말씀을 강력하게 맹신하며 양육 시작. 졸리다는 애들을 샤워하고 일기 쓰
도록 종용.

그 사이 나는 내일의 일정은 어디로 갈지 《JUST GO》와 《유럽 100배 즐기기》를
보며 짜맞추기 시작. 대략 감 잡고 영국에서 보낼 4일간의 일정 만들고 그중 내
일 갈 곳 확정. 남편은 지하철과 버스 모바일 앱 사용법 익히고, 내일 갈 곳을 대
략적으로 시뮬레이션 해본다.

날씨에 따라 일정을 다시 짜야 하고, 아이들 컨디션에 따라 코스 조정이 필수이
기에 융통성 있게 잡았다. 우리 부부는 안전하게 건강하게 놀다가는 것이 가장
큰 목표이기 때문에 욕심 부리지 않기로 합의. 10:30분이다. 자자!

1. 입국심사→체류기간과 목적만 물음
2. 오이스터 카드 구매→성인용 2매만 구매(만 11세 미만 무료)
3. 영국 지하철은 엘리베이터나 에스컬레이터가 없고 계단으로만 된 곳이 많음. 짐이 많거나 무거우면 고생. 따라서 기내용 캐리어 사이즈로 가급적 적게 짐을 싸는 것이 유리.

영국 2일 차(9/1, 일요일)

새벽 4시 시차 부적응으로 애들이 깼다. 민박집 아주머니가 집 근처 공원에 아침 산책 가라며 강력 추천해 주었다.

6:50~8:30	첼시 다리를 건너며 템즈강 구경. 배터시 공원(battersea park) 산책로 따라 크게 걸으며 호수 3곳 구경
8:30~9:30	숙소 식사 후, 숙소에서 나오다 런던 체류 30일 여행 중 15일째인 여대생과 집 앞에서 이야기를 나누다 일요일만 한다는 '캠던마켓' 구경 가기로 급일정 조정
09:30~11:30	24번 버스 타고, 30분 이동해서 캠던마켓 구경 후 필통과 연필 구매
11:30~12:00	버스 이동(캠던마켓→대영박물관)
12:00~15:30	대영박물관 관람(여권 원본 또는 신용카드 중 하나 맡기고, 한국어오디오 5개 빌려서 3→2→1층 순으로 구경). 자연사박물관으로 이동
16:00~18:00	자연사박물관 관람
18:00~19:00	켄징턴 파크 구경 후 귀가

영국 3일 차(9/2, 월요일)

09:00~19:00	런던 타워→세인트폴 대성당→내셔널 갤러리→빅토리아 극장(빌리 엘리어트 뮤지컬 감상)

영국 4일 차(9/3, 화요일)

09:00~19:00	메가 버스 예약한 것 타고 옥스퍼드 대학으로 이동

영국 5일 차(9/4, 수요일)

09:00~19:00	웨스트민스터 사원→국회의사당→빅벤→런던아이→버킹엄 궁→킹 스크로스 역에서 유로스타 타고 파리로 이동

프랑스

프랑스 1일 차(9/4, 수요일)

18:30	샤오궁 옆에 위치한 아파트 숙소 도착 후 식사 및 취침. 한국 식재료를 한인마트에서 구매해 아파트 체크인 시 넣어준 집주인의 센스가 돋보였음. 아파트 1층이 마트임. 스테이크와 과일, 소시지 빵 등 원하는 식재료 구매 가능. 프랑스에서의 모든 끼니는 직접 해먹음. 도시락은 김밥으로 통일

프랑스 2일 차(9/5, 목요일)

09:00~19:40	생미셀→룩상부르크 공원→노트르담→몽마르트, 사크뢰쾨지 성당→오르세
19:40~23:00	튈릴리 공원→콩코드 광장→샹제리제 거리→개선문→에펠탑→샤요궁

프랑스 3일 차(9/6, 금요일)

10:00~17:00	베르사유 궁전
18:00~21:35	루브르 박물관

프랑스 4일 차(9/7, 토요일)

오전 내내 숙소에서 쉼.

13:00~14:00	숙소 근처 쇼핑거리인 '파시' 구경하며 빵, 마카롱 사 먹기(40유로)
15:00~19:00	버스 타고 이동. 오페라 가르니에→쁘렝땅 백화점→라파에트 백화점(옥상에서 시내 전경 구경)
19:20~20:00	지하철 타고 이동. 퐁피두 센터, 스트라빈스키 분수 구경
20:00~21:40	걸어서 퐁네프 다리를 지나 바토무슈 유람선 타기 (20:40~21:40)

프랑스 5일 차(9/8, 토요일)

05:30	짐 싸기
06:30	파리 숙소 체크아웃 스위스 이동(파리→리옹→바젤(스위스패스 패밀리 구매)→루체른)

스위스

스위스 1일 차(9/8, 토요일), 비

13:30	루체른 호텔 도착
14:00~18:00	빈사의 사자상→루체른 시내 구경 후 초콜릿 구매→무제크 성벽→카펠교 구경 후 식사

스위스 2일 차(9/9, 일요일, 맑음

교통박물관 옆 호수에서 리기산 가는 유람선 탑승

11:00~14:00	짐 싸기
15:00~19:00	기차 이동, 베른 시가지 구경
20:00	루체른 도착, 미그로(migros)에서 장 보기

07:30~08:50	조식 식사 및 체크아웃(우산 선물 받음)
10:00~12:00	루체른→인터라켄 기차 이동. 스위스 브리엔츠(Brienz) 역 호수와 산(계단식 암벽이 많고 폭포가 많음)이 절경. 호숫가에 소파를 놓은 모습 매우 이국적임. 보트 등
12:00~17:00	뮈렌 구경 후 민박집 식사

이탈리아

베네치아 1일 차(9/11, 토요일)

07:00	체크아웃. 이탈리아 베네치아로 이동
14:40	베네치아 산타루치아 역 도착 역에서 도보 7분 거리에 있는 숙소 도착→리알토 다리→산마르코 광장(산마르코 대성당, 두칼레 궁전, 탄식의 다리)
20:00	귀가

베네치아 2일 차(9/12, 일요일)

| 09:00 | 부라노→무라노→리도섬(해수욕장) |
| 13:00 | 산마르코 광장→아카데미 다리 |

베네치아 3일 차(9/13, 월요일)

| 08:00 | 체크아웃. 기차 타고 피렌체로 이동 |

피렌체

피렌체 1일 차(9/14, 월요일)

13:00	역에서 도보 5분 거리에 있는 숙소에 짐 풀고 산로렌초 세례당→두우모→산조반니 세례당→베키오 궁전→우피치 미술관→베키오 다리→저녁 식사 후 미켈란젤로 광장 구경

피렌체 2일 차(9/15, 화요일)

09:00	피사의 사탑→친퀘테레(해수욕장)

피렌체 3일 차(9/16, 수요일)

10:00	체크아웃 후 기차 타고 로마로 이동

로마

로마 1일 차(9/16, 수요일)

13:00	테르미니역 도보 2분 거리에 있는 숙소 도착→콜로세움, 포로로마 노 구경

로마 2일 차(9/17, 목요일)

09:00~21:00	남부 투어(나폴리→폼페이)

로마 3~4일 차(9/18~9/19, 금요일~토요일)

07:00~20:00	자전거나라 로마시내 투어, 바티칸 투어

로마 5일 차(9/20, 일요일)

근처 슈퍼에서 초콜릿, 일리커피, 올리브유, 치약 선물 사고 짐 싸고 체크아웃, 귀국 이번 여행에서는 스위스에서 이틀, 로마의 첫날을 제외하고 모두 맑은 초가을 날씨였다. 덕분에 아이들 모두 감기에 걸린 적 없었고, 여행 내내 기분이 좋았다. 그리고 모든 여행지에서 3분 이상 줄을 서본 기억이 없을 정도로 한산했다.

'유럽여행 하는 것을 사대주의'라고 말하던 남편은 10년 뒤 크루즈 여행으로 다시 오자며 내게 기다리라고 한다. 빡빡하지 않은 일정으로 돌아다닐 수 있게 모든 조건이 허락된 것에, 아이들을 배려해준 모든 분들께 감사하다. 세계 어디든 인정은 있고, 아이들을 배려하는 세심한 어른들이 있어 너무 행복한 시간이었다.

행복한 소비는 '경험과 놀라움이 있어야 하고, 가족이 함께해야 한다'라는 말의 뜻을 이제야 알겠다. 분명 오랜만에 행복한 소비를 하고 왔음을 확신했다.

영국

1. 런던은 5인 가족이 한 끼를 대충 먹어도 한국 돈으로 20만 원이 훌쩍 넘는 살인적인 물가를 자랑한다.

2. 관광지와 가깝고 교통이 편리한 곳에 한인 민박집을 구해야 여행하기 좋다.

→ 아침, 저녁에 한식을 푸짐하게 주는 한인 민박집을 예약을 했다. 가족룸을 예약하니 이틀에 한 번씩 세탁도 해주었다.

프랑스

1. 파리는 소매치기가 많고, 치안이 취약한 곳이 많다.

2. 아침을 한식으로 주는 한인민박집과 가족룸이 별로 없다.

→ 파리 유학 경험이 있는 동료에게 말했더니, 아파트 렌트를 권해주었고 적당한 위치에 있는 아파트(드 클래스)를 콕 찍어 알려주어 예약했다. 식사와 빨래가 언제든 가능한 곳이다.

스위스

유럽에서도 가장 최고의 물가를 자랑한다.

→ 싸간 비상식량(햇반, 참치, 라면, 햄 등)으로 버티고, 조식 제공하는 호텔에서 묵기로 결정했다.

이탈리아

음식이 짠 편이라 싱겁게 먹는다면 먹을 음식이 별로 없다.

→ 짠 것을 좋아하는 동료조차도 이탈리아 음식이 너무 짜서 잘 먹지 못했다고 한다. 일정상 이탈리아에서는 도시 간 이동이 많아 아침, 저녁을 주는 역 근처 한인민박집을 예약했다.

책과 드라마에서 본 것이 현실로

,

거금이 드는 여행이기에 여행지가 주는 메시지를 제대로 받아들이고, 거기에 반응하고 싶다는 욕심이 생겼다. 그래서 앞서 언급했듯 여행 2개월 전부터 온 가족이 유럽 관련 주제별 독서를 했는데, 유럽에 와서 아이들이 가장 놀란 것은 책에서 본 그림과 조각이 실제로 존재한다는 것이었다. 존재하니까 사진을 찍어 책으로 만든 것이겠지만, 그것을 눈으로 직접 본다는 것은 또 다른 이야기다. 세계 거장의 손길이 묻어 있는 크고 멋진 미술품들, 건축물, 조각상들.

아이들이 좋아하던 책 중 하나가 《해리포터 시리즈》이다. 아이들은 유럽을 간다고 했을 때 영화 해리포터를 찍었던 영국에 가자라는 말에 흥분했다. 이후 일정상 비용상의 이유로 영국은 빼야겠다고 하자, 절대 안 된다며 강경히 버텨 영국에서의 일정 중 하루는 꼭 가보고 싶어 하던 런던 근교에 위치한 옥스퍼드를 방문하기로 했다.

그곳에 도착하자마자 중세의 건물들이 즐비하게 펼쳐진 풍경에 넋을 잃고 말았다. 중후함과 고즈넉함이 묻어나는 그곳. 아이들은 왜 건축물을 보러 옥스퍼드를 가야 하는지 알겠다면서 독특한 건물 앞에서 탄성을 지르며 사진을 찍었다.

그중 해리포터 영화의 배경이어서 가장 유명한 크라이스트처치 대학 건물 안으로 들어갔다. 마법학교의 식당으로 나왔던 교내 식당에서 우리는 해리포터 영화 속 한 장면에 와있는 듯한 착각을 하며 환상 속에 빠져든 아이들을 의자에 앉혀 사직을 찍어주었다.

꿈을 이룬 듯한 표정을 짓는 아이들과 함께 공원으로 향했다. 잔디가 드넓게 펼쳐진 옥스퍼드 공원에 있는 아름드리 나무 위를 올라가 아기새처럼 앉아있는 아이들을 바라보며 느꼈던 평화로움과 그 따사로운 햇살을 잊지 못할 것이다.

유럽여행 전 아이들에게 《미리 가본 루브르 박물관》, 《미리 가본

대영 박물관》 등의 책을 비롯하여 지역별 대표 화가들에 대해 어느 정도 공부하고 가야 한다고 말했었다. 파리는 모네와 피카소, 피렌체는 보티첼리, 로마는 르네상스 3대 거장(레오나르도 다빈치, 미켈란젤로, 라파엘로)에 관해 반드시 알고 가야 한다며 그들의 대표작과 작품 해설에 대해 책과 인터넷 자료로 설명해 주었다.

드디어 유럽 최고의 걸작들이 있는 로마의 바티칸 투어를 하게 되었다. 유럽여행 중 3분 이상 줄을 서본 적이 없던 우리는 인산인해로 1시간을 줄을 서서 입장하게 되었다. 그 명성 그대로 어디든 줄을 서서 가이드의 깃발을 보고 정신 똑바로 차리고 쫓아다녀야 했다. 가이드는 주요 미술작품 앞에서 설명하고 안내해 주었다.

하지만 미켈란젤로의 대작인 〈천지창조〉, 〈최후의 심판〉이 있는 시스티나 성당 안에서는 반드시 침묵하고, 카메라 플래시를 터트리면 절대 안 된다는 규칙 때문에 시스티나 성당에 들어가기 전 두 작품에 대한 설명을 해주었다. 작품의 배경과 미켈란젤로의 열정에 관한 이야기 등을 들었다.

곧이어 시스티나 성당에 입장했다. 밀려오는 감동 앞에 모두들 숙연해졌다. 이것이 진정 혼자 그림 작품이 맞단 말인가? 천재의 노력이 빚어낸 작품을 보며 사람들은 낮은 소리로 탄성을 내질렀고 눈물을 흘리기도 했다.

〈천지창조〉는 규모 1200㎡(약 360평), 높이 20.7m에 이르는 작품으로 천장 벽화이다. 하지만 계속 보고 싶어도 목이 아파서 오랫동안 볼 수 없을 지경이었다. 감상하는 것만으로도 이렇게 목이 아픈데 이것을 37세 때부터 4년간 먹고 자는 시간을 빼고 혼자 이 그림을 그렸다니! 그의 척추가 휘고, 안료가 눈에 들어가 한쪽 눈이 실명이 되었다는 설명이 충분히 이해가 되었다.

〈최후의 심판〉은 제단 앞 벽(높이 20m)에 그린 그림으로 60세 때 7년 동안 미켈란젤로 혼자 초인적인 힘을 발휘해 그린 최고 성숙기의 걸작이라고 한다. 왜 독일의 시인 괴테가 《이탈리아 여행기》에서 '시스티나 성당을 보지 않고서는 인간이 지닌 가능성의 위대함이 어느 정도인지 평가할 수 없다'는 말을 했는지 알 수 있었다. 교황의 선거 장소이면서 추기경단이 미사를 집전하던 시스티나 성당에서 우리 가족은 그 말의 진가를 느끼게 되었다.

그 후 베드로 성당으로 이동하여 가이드에게 베드로 성당 내부에 대해 설명을 들었다. 지쳤는지 막내가 졸리다고 칭얼대기 시작했고, 남편이 오랫동안 안고 관람한터라 이제부터는 내가 맡겠다고 했다. 원피스를 입고 있었던 나는 막내를 업고 가이드의 설명을 듣다 성당 내

입구 옆 구석진 곳에 잠든 아이를 안고 가부좌로 30분간 앉아 있었다. 입구이자 출구인 문 옆에서 많은 외국인들이 내 모습을 사진으로 담아갔다. 그들은 엄지손가락을 추켜올려 주었고, 나는 브이를 하며 사진 모델이 되어 주었다. 후에 그들이 내 모습을 담아간 이유를 알게 된 것은 피에타상을 보고 난 뒤였다.

구경을 마친 남편에게 막내를 넘기고, 피에타상이 있는 곳으로 갔다. 조각을 보고 이렇게 크게 감동하기는 처음이었다. 인파와 두꺼운 유리 때문에 한계는 있었지만, 아름다움과 부드러움으로 은은하게 빛나 신비롭기까지 한 작품이었다.

'피에타'는 이탈리아어로 '경건, 자비, 슬픔'을 나타내는 말로 '신이여, 자비를 베푸소서!'라는 뜻이 있다고 한다. 인류의 구원을 위해 죽은 자식을 안은 성모의 슬픔이 드리워진 조각상. 애써 담담하게 바라보는 어머니와 그 품에 안긴 예수님의 모습을 예술로 승화시킨 걸작 앞에 눈물을 흘렸다. 자식을 낳아본 사람만이 느낄 수 있는 처절한 아픔. 가이드의 설명에 의하면, 미켈란젤로가 25세 때인 1499년에 제작되었고, 다른 조각가가 제작했다는 헛소문 때문에 미켈란젤로가 자신의 서명을 새긴 유일한 작품이라고 한다.

안타깝게도 1972년에 한 정신병자가 망치로 조각상을 손상시키는 일이 벌어졌다고 한다. 이후 훼손된 부분을 최대한 복구하였다고 하니 그나마 다행이다. 이후 방탄유리로 조각상을 보호하고 있다고 한다. 엄마라면 느낄 수 있는 이 신비로운 조각상의 가치. 나는 지금도 피에타 상을 보면 눈물이 난다.

2013년 9월 19일	날씨: 맑음
제목 : 나의 우상이 된 미켈란젤로	

유럽여행 이후 미켈란젤로가 나의 우상이 되었다.

다비드 상, 피에타 상도 멋지지만, 미술가가 아닌 조각가임에도 불구하고

교황이 <천지창조> 벽화를 그리라고 하자, 농구장보다 더 큰 천장에

벽화를 혼자서 다 그리고, 교황이 성베드로 대성당을 건축하라고 하자

웅장하고 높은 돔 모양의 성당을 설계해낸 그가 너무 멋있었기 때문이다.

여행 전 책으로 미켈란젤로의 작품을 알게 되었을 때는 잘 몰랐는데,

실제 유럽에 가서 보니 감동 그 자체였다.

정말 "사람들은 나의 뛰어난 솜씨에 놀란다. 하지만 이런 솜씨를 익히기

위해서 내가 얼마나 열심히 노력했는지 알게 된다면 더 이상 놀라지 않을

것이다"라는 그가 남긴 말이 무슨 의미인지 알 것 같았다.

그는 참고 견뎌낼 줄 아는 책임감 강한 모습으로

세상을 바꾼 위대한 예술가다.

－큰아이 일기 중에서

2013년 9월 17일	날씨: 맑음
제목 : 폼페이 간 날	

화산폭발로 하루 만에 지도에서 사라진 도시 폼페이를 갔다.

입장표를 사기 위해서는 약 11유로가 필요하다. 단 어린이들은 공짜이다.

들어서자마자 돌덩이가 띄엄띄엄 있는 길이 보였다.

들어갈수록 폼페이는 전기 빼고 현재와 다른 것이 없었다.

어떻게 몇 천 년 전에 이렇게 잘 지었을까? 신기했다.

읽었던 책에는 폼페이가 이렇게 설명되어 있다.

79년 8월 24일, 베수비오 화산의 대폭발로 발생한 화산재가

로마 상류층의 휴양지이자 무역이 활발했던 아름다운 도시 폼페이를

18시간 여 만에 다 덮었다.

모든 사람이 죽고 1748년부터 본격적인 발굴이 시작되어

현재는 도시의 약 5분의 4가 모습을 드러낸 상태이다.

—둘째아이 일기 중에서

173

아빠, 엄마 너무 멋져요!

,

불안감을 안정감으로 바꾸는 듬직한아빠

운전면허증도 없고 길치인 내가 딸들을 데리고 감히 유럽배낭여행을 떠날 수 있었던 건 믿음직스러운 남편이 있었기 때문이다. 안 해본 것을 시키면 처음에는 못한다고 빼지만, 막상 하면 언제든 기대 이상으로 해내는 남편. 한국에서 우리 가족 중 유일하게 인간 네비게이션이며, 핸드폰과 인터넷 서치 중독자인 남편은 분명 유럽에서도 모바일 앱을 통해 우리를 잘 안내할 것이라는 왠지 모를 믿음이 생겼다.

예상대로 남편은 유럽에서도 통하는 인간 네비게이션이었고, 인터넷 서치 중독자였다. 다만 한국에서는 우리에게 별로 도움도 안 되는 인터넷 서치를 많이 하는 사람이었고, 유럽에서는 우리 가족에게 매우 도움이 되는 서치맨이었다는 차이가 있었다. 남편이 기차, 지하철 안에서 핸드폰으로 무엇인가를 검색하며 몰입해 있을 때면 너무 잘생기고 똑똑해보였는데 그건 분명 그가 우리 여행에 도움이 되는 행동을 하고 있다는 확신 때문이었다.

피렌체에서 남편이 웃으며 내게 말했다.

"내일은 어디 가고 싶어?"

"피사의 사탑하고 루까."

"그럼 내일은 그곳으로 가자."

다음날 남편은 우리를 데리고 피사의 사탑을 갔다. 피사의 사탑을 가는 기차 안에서 핸드폰으로 서치를 시작한 남편이 말했다.

"진짜 루까를 가고 싶은 거 맞아?"

"맞아, 왜?"

남편은 서치 결과물 몇 개를 보여줬다.

"이것 봐. 별로인 거 같은데?"

"그럼 루까 대신 어디 갈지 찾아보고 말해줘."

"루까 말고 친퀘테레에 가자."

피사의 사탑 구경 후 우리는 친퀘테레를 갔다. 해변에서 아름다운 추억을 많이 만들고, 돌아오는 길에 기차를 중간에 갈아타야 했다. 하지만 약속된 시간에 기차는 오지 않았고, 우리는 1시간 이상을 늦은 밤 대합실에서 기다려야 했다.

불안해졌다. 아무도 모르는 낯선 곳에서 밤은 찾아왔고, 배도 고팠고 모든 이들이 범죄자 같다는 생각이 순간 들었기 때문이다. 겁이 많아 무서움을 잘 타는 나는 아이들 때문에 태연한 척했지만 사실 두려웠다.

'이러다 기차가 오지 않으면 어쩌지?'

'역에 도착하는 기차들이 많으니까 하나하나 체크해봐야 하나?'

걱정하는 나와는 달리 남편은 언제 차가 들어올 것인지를 플랫폼에 표시된 정보를 기준으로 체크하며, 우리에게 정보를 공유하고 안심하라고 했다.

'그래도 기차가 안 오면 어쩌지?'

조금 있으니, 남편의 말대로 기차가 왔고 우리는 기차를 타고 무사히 귀가할 수 있었다. 우리에게 남편이 얼마나 소중한 사람인지 새삼 깨닫는 순간이었다. 불안에 떨다가도 남편이 있어 정말 안심할 수 있었던 순간들. 나는 잊지 못할 것이다.

"이탈리아 북부는 치안이 좋지만, 남부는 마피아에 의해 움직이는 곳이라 치안이 좋지 않다. 아이들과 함께 다닐 때 조심하라"는 말을 가족여행을 이탈리아로 다녀온 동료로부터 들었던 나. 이 사전지식은 이탈리아 남부지역인 나폴리, 폼페이를 다녀오면서 내게 많은 걱정을 안겨주었다.

남편과 나는 남부투어 코스에 대해서 이견을 갖고 있었다. 세계 3대 미항인 나폴리를 먼저 구경하고, 폼페이를 가야 한다는 나와, 반대로 유적지로써 아이들에게 최고의 교육효과를 줄 수 있는 폼페이에 갔다가 나폴리를 가자는 남편.

결국 나폴리로 향하는 기차 안에서 합의를 보지 못하고, 나폴리를 먼저 가기로 했다. 뿔이 난 남편은 길 안내를 하지 않을 테니 나보고 알아서 가라고 했다. '피렌체에서도 지도만 가지고 잘 다녔는데 못할까 봐?' 하며 알았다고 대답했다.

나름 로맨틱한 풍경을 꿈꿨는데 나폴리 기차역에서 나오자마자 우리를 맞이한 것은 길 위에 나뒹구는 병들뿐이었다. 오전 11시인데도 분위기와 건물들이 음침해 절로 한숨이 나왔다. 하지만 큰소리 뻥뻥 치고 고집대로 했으니, 이제와 무를 수도 없었다.

"엄마, 알고는 가는 거야? 이 길 맞아?"

"엄마, 폼페이로 그냥 가자."

버스를 타고 가야 하는데 어디서 몇 번을 타야 하는지 아무리 인터넷을 검색해도 나오지 않았다. 남편 얼굴은 구겨지기 시작했고, 슬슬 가족들 눈치가 보이기 시작했다.

엎친 데 덮친 격으로 아이들은 화장실이 가고 싶다고 했다. 그런데 주변에 들어갈 만한 상가나 지하철역이 보이지 않았다. 우여곡절 끝에 병원을 들어갔는데, 병원 분위기도 심상치 않다. 의사와 간호사 복장도 그렇고, 건물도 낙후되어 있어 있었다. 하지만 어쩔 수 없이 화장실을 이용할 수밖에 없었는데, 병원을 나와서는 폼페이로 방향을 틀자고 제안했다.

폼페이로 가기 위해서는 나폴리 기차역으로 가야 하는데, 왔던 길로 되돌아가지 않고 지름길이 있다며 남편이 앞서가기 시작했다. 나는 불안한 마음에 그 말을 듣지 않고 지나가는 사람들에게 길을 물었다.

"한 번만 지나가는 사람들한테 더 물어보면 그냥 아이들만 데리고 먼저 가버릴 거야."

"그래, 그렇게 해."

팽팽한 신경전이 벌어졌다. 그 이후에도 길을 물어보며 따라가다 보니 남편과 헤어지게 되었다. 남편과 아이들이 먼저 와서 기다리고 있겠지 했는데, 기차역에 도착해 보니 아무도 보이지 않았다. 하필이면 핸드폰도 챙겨 나오지 않은 날이었다.

'움직이지 말고, 기차역 입구에 서서 기다리자.'

10여 분이 흘렀는데도 달라진 것은 없었다. 더 초조하고 불안해졌다. 누가 봐도 내 꼴은 길 잃은 여행자였다. 돈도 없고 길도 모른다. 몇 년 같은 몇 분이 흐르자 남편이 내 눈앞에 나타났다.

"폼페이로 가는 기차표 끊고 왔어. 빨리 와."

"미안."

남편의 말처럼 정보에 의한 판단을 했어야 하는데, 감성에 의한 판단한 나. 스스로 반성하고 애들의 불만을 받아들이며, 다음부터는 그러지 않기로 했다. 하지만 남편의 표정에서 화가 100% 풀리지는 않았음을 느낄 수 있었다.

나폴리에서 폼페이로 가는 기차가 1시간째 연착되었다. 어림잡아도 100명이 넘는 사람들이 있었지만 아무도 동요하지 않았다. 남부 이탈리아에서는 이런 연착이 으레 생길 수 있는 일인 듯 했다. 오후 3시 기차가 도착했다. 볼거리가 많은 폼페이에서 시간을 지체해버린 우리는 로마로 가는 기차를 저녁 6시 넘어서 타게 되었다.

기차를 타고 가는데 중간 정차역에서 덩치가 산만한 흑인 아저씨들끼리 싸움이 났다. 알아들을 수 없는 욕과 주먹이 오가는 모습을 본 승객들은 웅성거리기 시작했다. 누군가의 신고를 받고 왔는지 경찰까지 출동했는데 분위기가 수습되기는커녕 더욱 험악해졌다.

나와 아이들은 두려움에 떨고 있었는데, 남편은 조금 더 안전한 자리로 가 있으라며 안내했고 더 이상 겁에 질리지 않도록 우리를 감싸 안았다. 가족의 안전을 위해 침착하게 정신적 지주 역할을 하는 남편의 모습에 안도감을 느꼈다.

비 내리는 날이라 스위스 루체른의 무제크 성벽에는 우리 가족 외에 사람이 3명밖에 없었다. 막내딸이 징징대서 남편과 막내만 두고 큰딸과 둘째딸 그리고 나는 무제크 성벽을 올라가보기로 했다. 남편은 입구에서 기다리기로 하고. 올라가서 성벽을 따라 걷다가 나는 왔던 길 말고 새로운 길로 내려가자고 했다. 그런데 20분 이상을 걸어가도 남편이 보이지 않았다. 우리에게 익숙한 장소도 나타나지 않았다. 아무래도 길을 잃고 헤매고 있는 거 같았다.

지나가는 사람들에게 영어로 물어보니 독일어로 대답이 돌아왔다. 비 오는 날이라 거리에 사람도 거의 없었던 터라 점점 두려워졌다. 급기야 둘째는 울음을 터뜨렸다.

"엄마 말만 믿고 왔다가 아빠도 못 만나고. 아빠 보고 싶어. 아빠!
아빠! 엉엉엉."

최대한 침착하게 말했다.

"엄마도 불안해. 그러니까 자꾸 그런 소리 하지 마."

우여곡절 끝에 남편과 상봉했다. 아이는 아빠를 보자마자 끌어안
고 대성통곡하고 나는 옆에서 그냥 묵묵히 서있었다.

"아빠 다시 보니까 그렇게 좋아?"

"응, 너무 좋아!"

아이들에게 남편은 그런 사람이었다.

단순함과 프로세스화를 추구하다

여행지에서 돌아와 저녁을 먹고 나서 나는 가족의 양말과 속옷
을 빨고, 그 사이 남편은 아이들에게 씻고, 일기 쓰고, 잘 준비를 하라
고 한다. 유럽의 기상리포터이던 남편은 내일 날씨를 체크해서 나에게
여행코스에 반영하라고 한다. 나는 서울에서 심각하게 고민했던 모든
여행코스를 상황에 맞춰 재빠르게 변경하고 우선순위를 매겨 밤 9시
까지 남편에게 종이로 적어서 알려주면 끝. 이후는 샤워를 끝낸 남편

이 모든 동선을 최적화하기 작업에 들어간다. 모바일 앱을 이용해서 대중교통을 점검하고 대략적으로 어떤 여행지를 빼고 넣을지 등을 다시 확인하고 잔다. 남편이 대중교통으로 가는데 걸리는 시간들을 계산할 때 나는 샤워를 한다. 늘 같은 일정으로 반복되는 여행 준비들.

유럽에서도 서울에서와 같이 단순함과 프로세스화를 추구한 우리 부부. 그리고 웬만해서는 서로의 일을 대신해 주는 법이 없는, 맡은 일은 꼭 해내는 책임감 강한 부부이다.

아침에 일어나 오늘 가지고 다닐 물건들(비옷, 바람막이 점퍼, 선글라스, 모자, 칫솔, 화장지, 초콜릿바,《JUST GO》책 등)을 가방에 챙겨 메고 다니는 나. 중요한 물건(돈, 신용카드, 카메라, 대중교통 맵 등)들만 작은 크로스백에 넣고 다니는 남편. 그러다 막내가 다리가 아프다고 하면 교대로 안고 다닌다.

차근차근 오늘의 일정을 순서대로 소화하는 우리 부부는 웬만해서 싸울 일이 없다. 단짝이 되어 둘이 한 몸처럼 돌아다니는 첫째와 둘째. 어디를 가든 화장실 위치를 체크하는 나. 돈과 동선 관련 일을 처리하는 남편. 역할이 겹치지 않게, 자신의 역할을 소화하게 분업하고 협업하는 우리는 하나의 프로젝트를 수행해가는 단결이 잘되는 가족이다.

남편은 늘 동선을 최적화해서 갈 수 있도록 모바일 앱을 효율적으로 사용했고, 돈으로 시간을 사야할 때를 잘 판단했다. 걸어갈 거리인지 대중교통을 이용해야 할 거리인지 선택해서 아이들의 체력 안배를 잘했다. 특히 프랑스에서 아빠의 우수한 체력 안배 기법은 빛을 발했다. 그러니 당연히 아이들도 아빠를 신뢰할 수밖에 없었을 것이다. 준비맨의 차분한 진행에 박수를 보낼 수밖에.

그리고 여론을 단속하는 관리능력도 돋보였다. 피곤하면 짜증내기 시작하는 막내딸을 온갖 방법을 동원해 안정시키는 능력은 특히 아빠 아니면 해내는 사람이 없었으니까. 매일같이 젤라또를 안 사주고는 못 배기는 막내딸. 밥값보다 젤라또 값이 더 드는, 젤라또 먹으러 유럽 온 아이였다.

리스너 아빠, 잘 물어보는 엄마, 제스처로 알아듣는 딸

영국 세인트폴 대성당에 갔을 때의 일이다. 입장료를 계산한 영수증을 보다가 나이가 어려 무료인 막내의 입장료를 냈다는 것을 발견한 나. 그 입장료를 돌려받아야 한다고 말하는 나와 그냥 가자는 남편 사이에서 약간의 실랑이가 벌어졌다. 옆에서 우리의 대화를 듣고 있던 큰딸은 당연히 돌려받아야 한다고 했다. 그래서 영수증을 들고 아이와 같이 가서 환불을 받아왔다.

환불받아서 좋다고 웃는 나를 보고 큰딸이 말했다.

"엄마가 꼭 필요한 때가 있네. 가끔 이렇게 맹활약하신다니까."

"당연하지. 그게 엄마의 매력이야. 가끔씩 활약하는 거. 아빠가 리스닝이 강점이면 엄마는 스피킹이 강점이야. 그냥 궁금하면 막 들이대고 물어보거든."

"그래서 아빠가 엄마랑 결혼했구나! 서로 못하는 부분 나눠서 하려고. 그렇지?"

"엄마가 아빠에게 없는 매력이 좀 있지. 협업과 역할 분담은 이런 거란다. 푸하하."

런던에서 빌리 엘리어트 뮤지컬을 보려고 입장을 했는데, 자리에 앉아보니 막내의 앉은키가 작아서 공연을 잘 볼 수 없을 거 같았다. 큰딸과 함께 직원에게 쿠션을 달라고 했다. 직원은 쿠션이 있는 곳을 설명하며 직접 가져가서 앉으면 된다고 했다.

그런데 쿠션이 있는 곳이 정확히 어디인지 해석이 안 되는 나. 나는 자꾸 "pardon me?"를 외치고, 아이는 옆에 서 있다가 직원의 제스처를 유심히 보고는 "엄마, 나 어딘지 알거 같아. 가자"라고 말하며 나를 끌고 갔다. 가보니 진짜 쿠션이 있었다.

스피킹은 잘되고 리스닝이 안 되는 엄마에게 상대방의 제스처를 보고 해석하는 방법을 배운 아이. 우리는 그렇게 성장해 가고 있었다.

모르는 사람과도 금세 친해지는 재주꾼 엄마

2013년 9월 9일	날씨: 흐리다 오후 맑음

여행 중 유람선 안에서 만난 신혼여행을 온 커플을 만났다.

오늘은 리기산 구경 후, 베른에 갈 일정이라고 자신들을 소개하는 그들과

우리 가족은 동선이 같아 함께 움직이기로 했다.

커플이 함께 찍은 사진이 없다는 그들에게 엄마는 사진을 찍어주었고,

그들은 우리에게 가족사진을 찍어주었다.

루체른에서 베른으로 가는 기차 안에서 간식을 나누어 먹으며 엄마는

"임신하면 어때요?" "임신하면 남편이 어떻게 해줘야 하나요?" 라고

묻는 그 커플의 쏟아지는 질문에 자세히 답변해 주었다.

각자 구경하다가도, 5시 종탑의 종소리를 듣기 위해

만나 기념사진을 서로 찍어주고 다시 헤어졌다.

－큰아이 일기 중에서

2013년 9월 16일	날씨: 비 오다 맑음

이탈리아에 오면서부터는 민박집 식당 조선족 아주머니와도,

민박집 주인아주머니와도 잠시만 이야기하고 오겠다고 방을 나가면 엄마는

1~2시간을 넘기기 일쑤였다.

우리를 보내서 얼른 오라는 전갈을 보내는 아빠가 아니면

엄마는 저녁 먹으면서 여행 온 옆방 아주머니, 언니, 오빠, 민박집 아주머니와

수다를 떨며 밤을 맞이하곤 했다. 그 사람들과 떠들다 얻는 정보로

다음날 일정을 급 변경하기도 하고, 당일 야경코스를 추가하기도 하고,

그 사람들과 함께 움직이기로 약속하기도 했던 엄마.

그리고 그 일정에 맞춰 다시 일정을 구체화시키는 아빠.

민박집 아주머니들은 엄마와 친해져서인지 밥과 반찬을 넉넉히 주셨다.

엄마는 그때마다 기분이 좋아 "역시 한국인들이 정이 있어. 애 키워본

아줌마들은 사정을 다 아신다니까!" 라고 하셨다.

또 일정이 늦게 끝나 돌아온 날도 아주머니는 기꺼이 편하게 저녁을 먹게

해주셨다. 엄마는 또 민박집 아주머니가 제공해주는 현지인만의 정보로

새로운 길을 안내하기도 했다.

－둘째아이 일기 중에서

아이들의 일기장을 보니, 나의 친화력이 여행 중에 도움이 꽤 되었

던 것 같다. 서로 도움을 주고받고 새롭게 인간관계를 맺는 방법을 아

이들에게 간접적으로 가르칠 수 있었던 것 아닐까?

유럽의 한식 요리사, 빨래해결사 엄마

'맛집 찾다 길 잃어서 여행지도 제대로 구경 못하고 오는 사람들이 많다'는 인터넷 글을 보고, 맛집을 찾기보다 그냥 여행지 근처에서 사먹는 게 좋을 거 같다고 판단하여 여행을 준비할 때도 검색해 본적이 없었다. 배불리 양껏 먹고, 아무 탈이 없으면 그게 최고다. 여행지에 와서 배고픈 거만큼 서러운 것이 또 있겠는가? 가족여행이기에 사 먹은 음식이 입맛에 맞지 않는 경우, 먹고 탈이 날 경우 어떻게 해야 하나 고민을 많이 했었다. 더구나 불어 메뉴판을 잘못 이해해 이상한 음식을 시킬 경우 돈 낭비, 시간낭비 더불어 주린 배로 인한 원성까지!

남편 파리까지 와서 달팽이 요리를 안 먹어본다는 게 말이 돼?
아이 달팽이를 먹는다고? 나는 절대 안 먹어.
나 그거 먹고 애들이 배 아프다고 하면 어떻게 감당할 거야?
남편 그럼 다른 메뉴를 사 먹어 보는 것은 어때?

187

아이 나 레어 스테이크는 못 먹어.

나 비싸서 애들이 양껏 먹겠어? 먹고 나서 속이 안 좋다고 하든가 설사하면? 메뉴를 잘못 선택할 수도 있잖아.

아파트를 렌트하면 근처 한인 마트에서 장을 봐올 수 있었으므로, 모든 요구사항과 걱정을 한방에 잠재울 엄마표 한식 요리를 하기로 결정했다. 냉장고, 에어컨, 세탁기, 컴퓨터, 청소기, 다리미, 쿠쿠 압력 밥솥, 빨래건조대, 도시락 세트, 커피머신까지 구비되어 있는 아파트에 도착. 내 집에 온 것처럼 라면에 밥 말아먹고, 비빔밥, 김밥, 볶음밥, 카레라이스, 스테이크, 김치참치볶음을 돌아가며 해먹었다. 점심식사는 김밥을 싸 많은 비용을 줄일 수 있었다.

시장이 반찬이었을까? 아이들과 남편은 모두 맛있다며 한국에서보다 훨씬 더 맛있게 먹어 주었다. 덕분에 파리에서의 날들은 나와 남편은 물론 아이들까지 컨디션이 모두 좋았다.

나는 파리에서도 한국에서 먹었던 식단 못지않도록 신경을 많이 썼다. 무엇보다 그 나라 음식이 입맛에 맞지 않아 곤욕을 치르는 변수를 모두 제거할 수 있어 다행이었다. 남편과 아이들이 충분히 먹을 수 있도록 식사를 제공할 수 있다는 자부심으로 아침, 저녁 식사 준비를 하는데 힘든 줄 몰랐다. 체력 고갈은 여행의 마침표와 같으므로.

　당시 나는 먹거리를 1층 마트에서 웬만한 것을 다 공수해와 원성을 듣기도 했으나, 여행지에서 사먹기 시작하면 금세 동나는 현실과 마주한 뒤로는 모두 불평을 멈추고 내 식단에 만족했다. 이렇게 식당에서 밥을 사 먹었다면 먹성 좋은 아이들이 얼마나 배불리 먹을 수 있었을까? 아마 어려웠겠지?

　밥을 지으면서도 기분 좋은 건 여행지라서겠지? 특히 아파트였기 때문에 여행 중 밀린 빨래도 모두 하고, 스위스로 이동 시에도 먹을 점심도시락을 쌀 수 있어서 기분이 좋았다. '역시 유럽에서도 통하는 알뜰한 실속파 엄마다!'라고 자화자찬하며 체크아웃하던 내 모습이 기억난다.

　특히 가족 중 누군가가 불평하기 시작하면 그 분위기가 금세 전염된다는 걸 잘 알기에 바로 차단하기에 혈안 되있던 나는, 누군가가 불평하려고 목소리 톤만 높여도 바로 소화기를 들고 즐거운 여행시간이 되기 위해 고군분투했다.

얘들아, 고마워!

,

여행지에서 영어로 서슴없이 들이대는 아이들

　몇 년 전 맞벌이에 막내까지 낳아 모유 수유를 하고 있을 때의 일이다. 어차피 어려서 외국에 가도 아무것도 모르는 막내를 데리고 갈수는 없으니, 큰아이들 둘만 데리고 남편이 외국 여행을 가면 좋겠다는 의견을 냈다. 남편은 혼자서 아이 둘을 컨트롤하기 어렵다고 했고, 아이들은 한국말이 안 통하는 곳은 무섭다고 격렬히 저항했다. 몇 번의 권유에도 남편은 내키지 않아 했고, 아이들은 저항했다.

　그렇게 몇 년이 지난 올해, 나는 가족유럽여행을 권유했다. 그때와

별반 다르지 않은 반응이었으나 걱정들을 하나씩 잠재웠다.

"엄마, 우리 영어 못하잖아!"

"유럽 4개국 중 영어를 쓰는 나라는 영국밖에 없어. 프랑스는 불어, 스위스는 독일어, 이탈리아는 이탈리아어를 쓰기 때문에 영어를 잘하든 못하든 큰 차이 없어. 그리고 영어를 못하는 사람들도 다 잘 다녀오는 곳이 유럽이고 해외여행이야."

"영어 못하는 거 알고 길 물어봤는데 이상하게 알려주면 어떻해?"

"우리가 가는 곳은 우범지역이 아니라 안전지역이고 관광지야. 다른 사람들도 다 잘 다녀와."

"엄마, 거기 가서 아프면 어떻게 하지?"

"우선 비상약을 한 가방 챙겨 가니 크게 아프지만 않으면 병원 갈 일 없어. 만약 병원에 가게 되면 각국에 있는 한국대사관에 도움 요청하면 돼. 대사관하고 SOS 전화번호 관련 정보도 챙겨 갈 거야."

수많은 질문을 뒤로 하고 영국에 도착한 우리. 걱정을 많이 했는데, 역시 아이들이라 적응이 빨랐다. 무엇이든 혼자 고민해서 길을 찾기보다 몇 번이고 물어봐서 길 찾기를 좋아하는 엄마 옆에 꼭 붙어 있던 큰딸과 둘째딸은 엄마가 하는 말이 10문장 내외라는 것을 알게 된 모양이다. 어느 순간 되니 "Excuse me." "Where is washroom?"

"Thank you." "One more time." 등을 구사하며 화장실을 찾을 때나 사진을 함께 찍기 원할 때 알아서 해결하는 경우가 많았다.

영국 내셔널 갤러리 내에서 다리가 아파 아이들은 좀 쉬고 싶다 했다.

"엄마, 화장실 가고 싶으면 물어보고 갈 테니까 걱정하지 말고 더 구경하고 와."

나는 구경을 하고 와서 물었다.

"너희들 화장실은 갔었어?"

"화장실도 다녀왔고, 기념품샵에서 구경도 하고 가격도 물어봤어."

아이들은 영어든 바디랭귀지든 필요한 사항이 생기면 서슴없이 들이대고 물었다. 자연히 영어에 자신감이 붙었다.

귀국하는 날, 큰아이는 "영국에 와서 1년 정도 살면 영어 금방 배울 거 같아. 유학 가면 나랑 동생이랑 둘이 같이 보내줘"라고 말했다. 속으로 지금 당장 유학 보내달라며 조르지 않는 게 다행이라고 생각했다. 허리띠를 아무리 졸라매도 그건 어려우므로. 아직도 ABC도 잘 모르는 딸아이가 '땡큐'와 '익스큐즈 미'를 연발하던 모습이 눈에 선하다.

엄마를 구해준 아이들

런던에서의 마지막 날이었다. 왠지 모르게 아쉬웠다. 나는 남편과 이른 아침 런던 구경을 좀 더 하고 가자고 했다. 새벽 6시 반에 숙소를 나온 우리는 빅벤, 국회의사당 등을 돌면서 구경을 하고 제임스 파크를 가기 위해 서두르고 있었다.

그런데 갑자기 배가 미친 듯이 요동치기 시작했다. 화장실 신호가 급히 오고 있었고, 땀이 나 걷기 힘들 정도였다. 갑자기 깨끗하고 조용한 도심 한가운데서 큰일을 볼까 두려웠다. 이른 아침이라 문을 연 가게들도 없었다. 길만 건너면 승산이 있어 보였지만, 서 있기도 힘든 내 앞에는 길어도 너무 긴 8차선 도로가 놓여 있을 뿐이었다. 남편과 아이들은 미친 듯이 화장실을 찾다가 100m 떨어진 곳에 지하철 역내 화장실이 있다고 알려주었다. 보통 도보 속도도 낼 수 없을 만큼 다급한 신호에 초죽음이 되어 있는 나.

'나는 걸어야 한다! 나는 가야만 한다!'

무슨 일이 있어도 거기까지는 가야 한다는 심정으로 지하철 역내 화장실로 갔다. 가는 내내 나 자신과 사투를 벌이며 겨우 도착했는데, 화장실 문은 잠겨 있었다. 도착시간 8시. 문 앞에 있는 안내표지판에

193

는 'am 8:30 OPEN'이라고 적혀 있었다. 아이들은 다시 지나가는 사람들에게 근처 가장 가까운 화장실이 어디 있냐고 물어봤다.

그들이 알려주는 곳은 동선이 최소 200m라고 했다. 이미 초죽음에 가까운 나는 그냥 기다리는 게 낫다고 판단했다. 가다가 실수라도 할까 겁나기 때문. 1분 1분이 더디게 흐르는 것 같아 계속 시계를 체크하던 우리. 시간이 되자 화장실이 열렸고 나는 쏜살같이 달려가 일을 처리할 수 있었다.

화장실 내에서도 큰 소동이 벌어졌다. 자세한 언급은 차마 여기서 할 수 없지만 그때를 생각하면 지금도 아찔하다. 그 순간 모든 것을 내 위주로 맞춰주던 아이들이 생각난다. 여자화장실 내에서 그렇게 조직적으로 일사불란하게 사건을 처리할 수 있었던 것은 우리 딸들의 공로가 크다. 한참 어리게만 봤는데, 아이들에게 이렇게 큰 도움을 받을 줄이야. 새삼 이렇게 잘 키운 딸아이들이 있어 든든하다는 생각이 들었다.

유럽여행 내내 소소한 간식거리와 물, 돗자리, 선글라스를 들고 다녔던 나는, 맨날 들고 다니던 가방이 무겁게 느껴졌다. 나는 아이들에게 1유로 알바를 제안했다. 반나절 가방 들고 1유로 받을 사람 급구!

딸들은 서로 하겠다고 했다. 그래서 반나절은 큰딸이, 반나절은 둘째 딸이 들기로 했다. 아이들은 가볍다고 하면서 엄마는 이걸 왜 무겁다고 그러냐고 한다.

'이렇게 우리 아이들이 컸나?'

프랑스에서부터 시작한 이 알바 덕에 나는 자유로울 수 있었다. 하지만 아이들이 메고 다닐 가방이기에 점점 짐을 최소화할 수밖에 없었다. 그 변화의 카드는 더 효율적으로 움직이게 했다.

무엇보다 알바에 순순히 응해준 딸들이 너무 고마웠다. 그리고 대견했다. 가방에서는 벗어났지만 피곤하다고 징징대던 막내아이를 교대로 안고 다니던 우리 부부. 우리는 이렇게 멋진 팀워크로 행복한 여행을 했다.

함께한 시간이 우리에게 준 선물

,

    가족충전이란 가족이 함께 여행, 봉사활동 등 함께 시간을 보내면서 좋은 에너지를 많이 교류하고 쌓는 것이다. 맞벌이라 각자 스케줄대로 움직이다보니 정서적으로 끈끈한 관계를 맺기에는 한계가 있었다.

    외할머니가 아이들을 돌봐주실 때와는 다른, 엄마가 아이들을 돌봐줄 때의 맛을 가족에게 느끼게 해주고 싶었다. 기업에서 연말만 되면 조직 개편을 해서 더 나은 새해의 결과물을 창출하듯이.

    '가족'을 떠올리는 것 자체만으로도 사랑과 안정감, 끈끈한 유대관계를 느낄 수 있도록 하고 싶었다. 다함께 어렵고 힘든 상황에 처해지면 팀워크가 필요한 순간들이 많아지기 때문에 서로의 입장을 이해하게 된다. 실제 긴 여행은 회사, TV, 영화, 인터넷, 타인 등에게 빼앗겼던 부모를 아이들에게 되돌려줄 수 있는 시간이 되었다. 적절한 치료 타이밍에 말이다.

사실 유럽여행을 가겠다고 마음먹기 전에, 제주도에 가서 아이들 여름방학 한 달간 살다 와야겠다고 생각했다. 지인을 통해 제주도에서 한 달간 가족이 머물 만한 장소를 섭외하다가 여의치 않음을 알게 되었다. 남편이 미쳤다고 했다.

"애들 데리고 제주도에서 한 달씩이나 살 이유가 있어? 나는 1주일만 휴가 낼게. 상식적으로 어떤 남편이 제주도 가서 살겠다고 한 달 동안이나 휴가를 내?"

듣고 보니 납득이 간다. 남편이 수긍하고 합류할 수 있는 것은 외국뿐이었다. 콘셉트는 여건상 유럽 자유배낭여행이었으므로, 가족의 보안담당인 남편으로써 당연히 함께 가야 한다고 생각했는지 순순히 휴가를 냈다.

사실 가족여행은 해외가 아니라 국내 여행(특히 캠핑)도 상관없다. 아이와 부모가 한 장소에서 다른 것을 생각하는 것이 아닌, 같은 곳을 바라보고 대화할 수 있다면 말이다. 그런데 보통 요즘 집들은 저녁

이 되어 다 같이 모인다고 하더라도 남편은 핸드폰에 정신이 팔려 있고, 아이들은 TV나 컴퓨터에 한눈이 팔려있다.

연애하던 시절을 생각해보자. 어디를 가든 무엇을 먹든 사랑하는 사람과 함께라면 그것 자체만으로도 행복하지 않았는가? 바로 그 마음을 원했다. 어떤 상황에 닥쳤을 때 부모와 아이들이 협력하여 적극적으로 참여할 수 있는 시간을 최대한 길게 확보하는 것. 부성애와 모성애를 발휘할 수 있는 확실한 조건을 갖추고 있는 곳이 우리 가족이 제대로 충전할 수 있는 곳이다. 가족과 함께 행복, 건강, 감성, 사랑, 체력을 충전하자. 예상한 것보다 긍정적인 효과가 훨씬 더 많았다.

사랑이 모락모락

기념품샵에만 가면 엄마가 비싸다고 사지 말라고 해도 아빠는 늘 인당 10유로 내에서 물건을 살 수 있는 자유 선택권을 주었다. 그 덕분에 아이들은 루브르, 오르세, 우피치 미술관까지 가는 긴 동선에도 불구하고 '거기 가서는 무엇을 살까?' 생각하며 오래 걸을 수 있었던 것 같다. 또 자신이 원하는 여행 기념품을 사고 나면 힘든 여행길인데도, 항상 여기서 산 거, 저기서 산 거 하면서 소중하게 다루는 모습을 볼 수 있었다.

귀국 후에도 아이들은 자신의 책상 위에 기념품을 소중하게 올려 놓았다. 아이들은 기념품을 어디서 샀고, 실제 이 작품을 어느 박물관에 어떻게 전시되어 있는지 곱씹으며 기억했다. 유럽에서 모든 것이 짐처럼 보여서 가방이 무거울까봐 최소의 부피에 연연하던 나와는 다른 남편의 판단 덕분에 아이들은 추억을 떠올려 볼 수 있는 문이 생겼다. 기념품들이 소중한 추억의 문이 될 것이라고는 그때는 몰랐다.

스위스 루체른 구시가지에 갔을 때는 기념으로 초콜릿을 사기로 했다. 아이들의 등쌀에 밀려 초콜릿 가게에서 형형색색 예쁜 초콜릿을 구경하고, 초콜릿 시연을 하면서 즐거운 시간을 보냈다. 하지만 사고 싶다는 물건의 가격을 합산해 보면 가격은 금세 우리를 현실로 돌려놓는다. 늘 그래왔듯 1인당 10유로 내에서 사기로 했다. 아이들은 몇 개 사지도 못한다고 불평했지만 이내 몇 개를 고르고는 아쉬움을 뒤로 하고 숙소로 돌아왔다. 남편이 씻는 사이 둘째가 나에게 몰래 와서 이야기 했다.

"엄마, 나는 아빠 생신선물로 이 초콜릿 샀다. 오늘 아빠 생신이잖아."

"음? 그런가?"

"아빠 생신 음력날짜를 양력으로 계산해 보니까 오늘이던데?"

아빠 몰래 초콜릿을 사서 선물하는 딸아이의 모습을 잊을 수가 없다. 주어진 돈 내에서 자기가 먹을 초콜릿 사기도 모자랐을 텐데 말이다. 당연히 남편은 감동을 받았다. 아빠가 허락해준 10유로로 이렇게 소중한 아이의 마음을 받다니. 나는 숙연해졌다. 그리고 너무나 사랑스러운 딸아이에게 '고맙다' 말하며 남편이 딸을 안아주는 모습을 잊을 수 없다.

아이들이 유럽을 얼마나 기억할 수 있을까?

우리 부부는 '12, 11, 7살의 아이들이 유럽을 얼마나 기억할 수 있을까?' 생각했었다. 하지만 그것도 잠시. 일단 떠났다. 좋은 사진기 하나 사들고 여행준비 중 제일 중요한 것을 했다고 좋아하는 남편을 옆에 두고. 오래 기억할 수 없다면 추억할 수 있게 사진을 많이 찍었다. 하지만 2000여 장의 사진들을 pc에 저장만 해두고 현상하지 못했다. 순간순간이 너무 소중하고 지우면 다시는 못 얻을 사진들이기에 고를 수 없었기 때문이다.

잘 나온 사진만 뽑아도 몇 백 장이 넘었다. 그것을 100장 내외로 엄선하기 위해 모인 가족들. 이래서 이 사진은 중요하고, 저래서 이 사진은 중요하다. 가족회의를 하면서 우리 부부는 흐뭇해했다. 아이들은 유럽을 자세히 기억하고 이해하고 있었으며 흥미로워했기 때문이다.

피렌체 두우모 갔을 때 찍은 사진을 보며 아이들은 이야기를 쏟아 냈다. 계단 정말 잘 만들었다며 감탄했었다는 큰아이, 두우모 계단 올라갈 때가 제일 재밌었다며 다섯 번은 더 올라가고 싶었다는 둘째아이. 언니들 따라 한 번도 쉬지 않고 올라갔다던 막내. 푸르른 하늘과 시원한 바람 그리고 경건한 느낌을 모두 담아내고 있는 사진 몇 장.

'놀라움, 설레임, 충격적이었다, 감탄했다'라는 말을 구사하며 쏟아 내는 아이들의 모습을 보면서 다시 한 번 우리 부부는 뿌듯했다.

"엄마, 아빠 이번 선물은 정말 최고였어. 다음 선물은 뭐야?"

"우리 자주 못 가. 이번에 우리 거지 됐거든. 내년까지 생각해 보고 말해줄게. 흑흑."

귀국 후, 첫째와 둘째아이는 학교 도서관에서 유럽 관련 책들을 빌려와 읽기 시작했다.

"아빠, 이 그림 우리 봤지?"

"그래, 맞아."

"맞아, 언니 우리 이거 봤어."

아이들과 남편은 평소 미술에 대단히 조예가 깊었던 것마냥 한참이나 이야기를 했다. 남편은 원래 미술책을 보지 않는 사람인데, 아이들이 잠든 후에 빌려온 책을 오랫동안 꼼꼼히 읽었다. 평소 남편의 그런 모습을 볼 수 없었기에 낯설었다. 아이들과 같이 가서 봤던 작품이라 특별한 의미를 부여해서 인지 모르겠으나, 남편은 미술작품에 심취해 있었다.

유럽에서도 미술관에서 작품에 심취한 남편의 모습을 많이 볼 수 있었다. 오르세 미술관에서 집중하던 그이의 멋진 모습. 내 남편이 그런 사람인줄 그동안 몰랐다. 함께 미술관을 가면 나 때문에 어쩔 수 없이 와서 대충 보고 오는 줄 알았는데 말이다. 여행일정을 짤 때 미술관 위주인 것 같아 남편과 아이들이 싫어하는데 괜히 넣었나 고민했었는데, 모두 작품을 즐겼다니 흡족하다. 예전에는 미술관 갈 때 남편은 당연히 명단에서 제외시켰는데, 여기에도 변화가 생겼다.

여행 후, 가족이 공유할 수 있는 것은 사진과 추억만이 아니었다. 일상에서도 "이거 유럽에서 봤던 거랑 비슷하지 않아?"라고 말했다. 책에서, 드라마에서, TV 광고에서 심지어는 백화점에 진열된 향수 냄새 속에서도 가족여행을 떠올렸다.

여행 중반이 넘어서 큰아이가 걱정스런 표정을 지으며 '학교 가서 공부를 잘할 수 있을까?' 하고 고민했다. 여행기간만큼 수업을 빼먹었으니, 걱정하는 것도 당연한 일이다.

귀국 후, 나는 푹 쉬면서 여독을 풀었는데 아이들은 바빴다. 친구 노트를 빌려 와서 필기하고, 매일 풀던 연산문제를 풀지 않아 계산이 늦어졌다는 불평도 했다. 첫째와 둘째는 단시간에 20일간의 수업진도를 단시간에 따라잡기 위해 고군분투했다. 1주일이 지나서 연산에 다시 속도가 붙었고, 2주가 지나자 수업도 어느 정도 따라갈 수 있었다. 힘들어 했지만 열심히 노력하면 뒤처진 것을 따라잡을 수 있다는 것을 깨닫게 된 것 같다. 포기하지 않고 노력으로 극복해준 아이들이 예뻤다. 덕분에 남편이랑도 서로 얼굴 붉힐 일 없이 잘 지낼 수 있었다. 학기 중에 무리하게 여행까지 갔다 왔는데 아이들이 손 놓고 따라가지도 못했다면 서로 안 좋은 소리를 했을 것이다.

하루 공부할 수 있는 분량이 5였다면 이번에는 10을 할 수밖에 없는 상황이었는데, 자신이 10 이상을 해내는 것을 느끼고는 하루 공부양에 추가로 신문의 NIE^{Newspaper in Education, 신문활용교육} 공부를 해보겠다고 했다. 〈어린이 조선일보〉로 NIE를 하기 위해 신문사에 신문을 넣어 달라고 신청했다. 자기가 신청해서인지 아이는 학교를 갈 때마다 집 앞으로 온 신문을 학교로 가져가서 읽는다. 그리고 NIE를 작성하기 시작한다. 자신의 호기심을 충족시키는 방법을 찾은 것이다.

스스로 자신에게 필요한 것이나, 하고 싶은 공부를 일정에 넣는 큰아이를 보면 학습 관련에서는 큰 도움을 주지 못하는 거 같아 미안 하기도 하다. 하지만 사춘기가 되어 서서히 독립하려고 노력하는 아이 의 날갯짓을 꺾을 마음이 없다. 대신 더 높이 잘 날아가고 있는 아이 가 필요한 것이 있으면 지원사격만 열심히 하기로 했다.

여행 후 부쩍 커버린 아이들의 모습에 어른인 나와의 갭도 자꾸 좁혀지는 거 같아 자꾸 딸이 친구 같아진다. 나의 부족한 부분을 콕 집어 이야기기해도, 무리한 도움을 요청해도 웃으며 받아들여주는 내 가 자꾸 보이기 때문이다.

5장

휴직하기 전에는
몰랐던 것들

내 명함이 갖고 싶다

'

전업주부로 살면서 알게 된 것이 있다. 엄마들이 일을 하고 싶어
한다는 것. 내 이름 석 자로 불리고 싶어 한다는 것이다. 물론 소수 예
외도 있기는 하다.

'내 이름 석 자'로 살다가 휴직을 하니 '아내, 엄마'라는 이름만으로
살게 됐을 때 참 여유롭고 좋았다. 현재 '살림에 올인하거나, 아이들
교육에 목숨 걸지 않았다'는 사실의 반증일 수도 있겠으나, 휴직하기
전 그 모든 이름으로 살던 나는 하루 24시간이 모자랐다.

휴직한지 4개월쯤 지난 어느 날, 도서관 1층에서 주부들의 재취업
을 돕는 구청직원들을 보게 되었다.

'지난달에도 봤는데, 이번 달에도 또 오셨네. 내가 만약 새로운 일을 시작한다면 얼마나 벌 수 있을까?' 막연한 호기심으로 무직자인양 직원 옆에 앉아서 이것저것 물어보기 시작했다.

"제가 일할 수 있는 곳이 있을까요?"

"100~150만 원선의 일들을 연결시켜 드릴 수 있을 것 같네요."

"제가 그래도 예전에 대기업 다니던 사람인데요."

오산이었다. 나는 파릇파릇하고 머리 잘 돌아가는 대학생들과 경쟁해야 하는 한 명의 취업 희망자일 뿐이었다. 플러스 될 것은 전혀 없었다. 속이 상했다.

'과거 내가 무엇을 했든 현실은 이런 거구나!'

며칠 뒤, 아이 학교에서 진행되는 '학부모 진로코칭 연수'를 받으러 갔다. 부모가 직접 아이의 적성에 맞게 진로를 코치해 줄 수 있도록 교육을 받는 프로그램이다. 한 학교당 20명씩 강남에 있는 초중고 학부모들이 수업을 함께 들었다. 강사들은 수업 후반이 되자 학부모를 'ㅇㅇ 코치님'이라고 불렀다. 수업을 마치고 나오자 여기저기서 이야기가 쏟아져 나왔다.

"매일 누구 엄마라고 불리다가 오랜만에 'ㅇㅇ 코치님'이라고 불리니까 기분이 묘하더라고."

"그러게. 똑같은 처지의 동네 아줌마들끼리도 누구 엄마라고 부르 잖아. 이름도 모르고. 나도 좋았어."

일주일간의 교육이 끝났을 때 아줌마들끼리 이야기를 나누던 중 알게 된 사실은 오전시간에 할 수 있는 일이 있었으면 한다는 것이다.

"아이들이 학교에서 귀가하기 전까지만 할 수 있는 일이 있었으면 좋겠어요."

기업 다니면서 인재라는 소리 많이 들었는데, 집에 나니까 재취업하기가 힘드네요."

부들이 재취업을 할 수 있도록 다양하고 체계적인 면 좋겠네요."

이 정말 일하고 싶다는 말을 듣고 놀랐다. 형편이 넉넉한 강남 사모님들이라 집에만 있는 것을 선호할 줄 알았는데 그 것은 편견이었다. 그리고 복직할 수 있는 카드를 들고 있는 내 상황이 너무 고맙고, 다행이라는 생각을 했다.

워킹맘 시절 아이들이 커가는 모습을 곁에서 못 보는 거 같아 전 업주부가 마냥 부러웠던 적도 있었는데, 역시 항상 남의 떡이 커 보이 는 것 같다.

'내게 있어 일은 어떤 의미인가?'

사회에 참여하고, 일을 통한 자기 발전 및 성장을 만끽하고 싶은 그 마음을 나는 가볍게 여기지 않았나라는 생각이 들었다. 타산지석, 그리고 다른 각도에서 거리를 두고 볼 때 다르게 보인다는 것을 느꼈다. 현재의 모습에 감사하는 마음을 갖는 것은 정말 중요하다. 갑자기 내가 워킹맘이라는 것이 너무 뿌듯하다.

난 엄마가
계속 일했으면 좋겠어요

,

어느 날, 큰아이가 하교 후 집에 와서 말했다.

"엄마 오늘 뭐했어?"

"왜?"

"요즘 엄마 회사 안 다니니까 집에서 하루 종일 뭐하고 지내나 궁금해서."

"오전에 산책하고, 도서관 가서 책 좀 보고, 마트 가서 장보고, 집에서 간식도 만들고 했지."

"엄마 회사 언제 가는 거지? 나는 엄마가 빨리 회사 갔으면 좋겠어. 6개월 쉬지 말고 3개월만 쉬고 다시 복직하면 좋을 거 같아."

"왜?"

"엄마가 자꾸 초라해 보여서. 엄마 원래 당당한 사람인데, 집에서 청소하고 밥하고 설거지하는 모습이 싫어. 나는 엄마가 계속 회사 다녔으면 좋겠어."

초등학교 5학년인 큰딸이 자신의 의견을 말했다. 엄마인 내가 어떤 모습으로 살아갔으면 좋을지. 갑자기 자신이 없어졌다. 내가 과연 평생 일을 할 수 있을까? 평생 일하기를 원한다고 말할 수는 있지만, 능력이 닿아 평생 일을 할 수 있다는 말은 사실 자신 있게 못하겠는데. 스스로 자신 있게 'yes'라고 말하지 못하는데, 딸아이는 엄마가 계속 일했으면 좋겠다고 한다. 어려운 과목이라며 공부하기 싫다는 아이에게 이 과목만큼은 좋은 점수를 받아야 한다고 강요하는 나의 모습과 오버랩된다. 부담스럽다.

지난해 12월말 광주 신세계백화점 문화센터에서 강연을 하기로 했다. 당일치기로 서울에서 광주를 다녀온다고 하더라도 저녁 7시나 되어야 집에 오니까 그 사이 동생들 잘 보살피고 있으라고 말했다. 큰 아이가 말했다.

"엄마, 강의 잘하고 와. 집 걱정하지 말고. 그리고 그 백화점 문화센터 팸플릿에 엄마 나온 거 나 주기다. 알았지?"

엄마를 지지해준다. 아이가 엄마를 응원하는 마음이 기쁘기도 하지만, 다른 한편으론 부담이 된다.

'엄마가 정말 계속 일하기를 바라는구나!'

며칠 뒤 팸플릿이 우편물로 왔다. 아이들은 팸플릿을 보며 "엄마, 멋진데!"라고 말했다. 그리고 그 옆에 웃는 나. 큰아이는 내가 나온 신문, 잡지, 백화점 문화센터 팸플릿 등을 모은다. 가끔 꺼내보면서 자랑스러운 미소를 짓는 아이. 참, 나는 복 받은 여자다. 일복!

'아이들이 원하는 엄마의 모습 중 하나는 이런 것이구나!'

막내가 초등학교 고학년이 될 쯤에 정말 내가 집에 있겠다고 하면, 아이들 모두 일 나가라고 할 것이 뻔하다. 아무래도 난 평생 일복 터진 여자로 살 거 같은 느낌. 이 느낌 좋은 건가, 나쁜 건가?

어른에게도 진로코칭이 필요하다

,

중학교 시절 대학을 가려면 당연히 인문계를 가는 것인 줄만 알고 고등학교를 진학했다. 고등학교 1학년이 끝날 때쯤 수학이 좋은 친구들은 이과로 가는 거라고 해서 이과를 선택했다. 대입 수능시험을 치르고 나니, 이과는 관련 학과만 지원 가능하다고 해서 맞추어 지원했다. 이과 관련 학과 중 의약계열, 자연대학과 계열 등을 제외한 나머지 학과는 도통 감이 오지 않았으나, 그나마 앞으로 유망할 거 같은 직업군에 속한 학과로 선택해서 원서를 넣었고 현재 전공을 살려서 취업을 하고 일을 하고 있다.

이 모든 선택에 가장 큰 영향을 미친 사람은 주변 친구들이었다.

적성과 진로에 대한 깊은 고민 없이 걸어온 내 인생. 그렇다고 살아온 길을 후회하거나 부정한 적은 없었다.

살다보니 책을 한 권 쓰게 되었고, 친구들은 나에게 적성검사 다시 해봐야 하는 거 아니냐고 했다. 그냥 웃는다. 그리고 '적성검사를 다시 해볼까?' 하다가 말았다.

휴직 후, 아이들 학교에서 받은 가정통신문을 보고 수강한 '학부모 진로코칭 연수'를 듣고 진로코칭의 중요성을 깨닫게 되었다.

"아이가 스스로 책상에 앉아 열심히 공부하는 모습을 보고 싶은가? 방법은 간단하다. 꿈을 심어주면 된다. 커서 어떤 일을 하고 싶다는 생각이 공부하는데 큰 동기부여가 된다."

따라서 당연히 진로코칭을 어려서부터 체계적으로 해주는 것이 아이가 공부를 열심히 할 수 있는 방법이라는 것이다. 그렇다. 그 자리에 모인 학부모들도 모두 알고 있는 것이지만, 어떻게 해주어야 하는지 잘 알고 싶어서 모인 사람들이다.

진로코칭교육을 들으며 진로코칭의 중요성에 대해 다시 한 번 깨달았다. 여러 가지 직업을 체험할 수 있는 곳에 가서 체험하게 하여 아이의 미래를 스스로 계획할 수 있도록 도와주어야겠다고 생각했다. 그렇다면 나는? 나의 진로에 대해서 진지하게 구체적으로 계획을 짜고 실행하고 있는가? 다른 직업을 꿈꿔본 적은 있었지만 막연했다. 계획하고 실천하였는지에 대해 생각해보면 0점이다.

　간절히 원하는 꿈이 있다면 그 꿈을 먼저 이룬 사람들을 만나보라고 한다. 먼 곳에서 볼 때와 가까이서 볼 때 무엇이 다른지, 어떠한 삶을 살게 되는지 맛을 보는 것이다. 진로체험을 하면 더 구체적으로 꿈꾸고, 꿈을 실현하고자 열정을 갖고 에너지를 한 방향으로 모은다고 한다. 그래서 앞으로 교육청에서 중학교 1학년 때부터 진로를 중심으로 공부할 수 있도록 진로체험과정을 넣는다고 한다. '우리 중학교 때에도 이런 것이 있었으면 얼마나 좋았을까?' 하고 학부모님들이 이구동성으로 아쉬웠다고 말하는 이유가 다 있다. 북유럽에서는 이미 이런 진로코칭과정이 사회 전반적으로 체계화되어 있다고 한다. 그래서 그 장점들을 벤치마킹해 우리나라 교육에도 도입한다고 한다.

　잠깐, 이렇게 배운 것을 토대로 우선 나부터 진로코칭을 해봐야겠다. 나는 나를 인터뷰하기 시작했다. 좋아하는 것들, 잘하고 있는 것들을 하고 살아가려고 얼마나 계획하고 노력했는가. 쉬는 동안 꿈리스트부터 작성해서 하나씩 해보자.

진로코칭교육에서 배운 꿈리스트 작성하는 방법은 다음과 같다.

1. 꿈 하나하나에 완료예정일(연월일)을 기재한다.

2. 거실에 가족들이 볼 수 있게 크게 써서 붙여 놓고 실행한다.

⟨My Dream list⟩

- 갖고 싶은 것

- 가고 싶은 곳

- 닮고 싶은 사람

- 만나고 싶은 사람

- 되고 싶은 직업

- 해보고 싶은 일

우연히 펼친 책의 글귀를 보고, 현실을 감안했을 때 이게 더 행복하게 사는 방법 같다는 생각이 들었다.

'행복의 비밀은 자신이 좋아하는 일을 하는 것이 아니라 자신이 하는 일을 좋아하는 것이다. -앤드류 매튜스'

story 4

나에게 일이란 무엇인가

,

회사동료와 전화로 오랜만에 수다를 떨었다. 재밌다. 집에서 완전
크게 웃으며 이야기했다. "나 일하고 싶어. 일하러 갈까?"라며 말하
는 나.

일하는 것을 즐기고 있었다는 사실을 다시 깨달았다. 그리고 회사
로 돌아갈 수 있다는 것이 기쁘다.

다음날 회사 다닐 때 정기적으로 만나곤 했던 멘토들을 만났다.
처음 휴직은 6개월이 계획이었지만, 6개월 더 연장한다면 무엇을 할
수 있을까라는 생각에 만나게 되었다. 지난 6개월 간 충분히 충전했
으므로 남은 6개월은 조금 더 건설적인 일에 시간을 투자하고 싶었

다. 꿈꾸어 왔던 많은 것들 중 나의 미래와 관련 있는 진로체험 같은 것 말이다.

친구 중 한 명도 휴직기간 중 자기가 꿈꾸어 왔던 다른 진로에 대해 진로체험을 해보고 다시 직장으로 복귀해 열심히 일하고 있다. 휴직 전보다 더 열심히 더 자부심을 느끼면서! 상상 속에서만 존재했던 일도 겪어보니 나이스하기만 한 것이 아니었다며.

학생들이 직업체험을 하듯 나도 지금 그 길을 가볼까 한다. 어떤 길일까? 궁금하다. 하루하루 이 시간들을 어떻게 채우고, 어떤 경험을 할지 장래희망과 접목해 생각해 보았다. 시간 가는 줄 모르고 배울 수 있고, 스스로 잘하고 있다며 만족할 수 있는 것은 무엇일까? 인생 2막(노년기)을 위해 막연히 생각해 두었던 일이 적성에 맞는 일인지 체험할 수 있다면 가장 좋을 것 같았다. 만 시간 법칙을 채우려면 턱도 없이 부족한 시간이지만, 첫술에 배부르랴. 진로체험을 하려면 나를 도와줄 수 있는 사람들을 찾아 도움을 요청해야 한다.

프로가 아니기 때문에 돈을 받지 않고 배우는 학생의 마음으로 열심히 배우겠다고 말하고 몇 분들에게 요청 시작. 다섯 분께 요청했으니, 답변이 오겠지 하고 2주간 기다리기로 했다.

그냥 푹 쉬다가 복직하라는 의견도 있었지만, 이 시간을 헛되이 쓸 수는 없었다. 지난 6개월과는 다르게 나머지 6개월을 보내고 싶다는 강렬한 욕구가 들었다. 그런 마음이 들자 바로 문을 박차고 나온 나. 사람들을 만났다. 이번에 주어지는 진로체험이 그들에게 부담되지 않도록 하기 위해 솔직하게 말했다.

"1~2주일 정도 오전에 잠시 일 배울 수 있는 곳이 필요해요. 6개월 뒤에 복직할 예정이고 진로체험을 위한 것이니까 눌어붙을 걱정이나 월급 걱정은 안 하셔도 되요. 자리 좀 부탁드려요."

"좋습니다. 마련해 보지요."

"저는 참 인복이 많네요."

흔쾌히 대답을 듣고, 웃으며 헤어졌다.

도움을 받고 더욱 성장 발전해서 그들에게 보람을 갖게 해주자. 그것이 그들이 바라고, 내가 바라는 나의 모습이리라. 정기적으로 만나는 모임에서 결정적인 도움을 받을 수 있었다.

관심 있던 분야의 일을 현실화시킬 수 있다는 것이야말로 건설적으로 휴식시간을 소비하는 것이 아닐까? 한 번도 가보지 못한 미지의 세계에 빠져 즐거워할 내 모습이 보이기 시작했다.

집에서 지내다 보니 이메일을 확인할 일이 거의 없다. 일주일에 한 번 정도 누가 내게 메일 보냈으니, 확인해보라는 연락을 주지 않으면 거의 열어보지 않는 편이다. 원래부터 오프라인 생활을 즐기는 사람이다 보니 당연한 일이겠지.

어느 날, 스팸메일이 가득해 정리하다가 발견한 중요 메일 한 통. 2014년 1월 16~19일 진행하는 '대한민국 부모행복 콘서트' 컨퍼런스 참여 요청 메일이 와 있었다. 〈코엑스에서 강의 한번 해보실래요?〉라는 문구가 두근두근 내 가슴속에 다가온다. 그래, 해보자! 신청서를 냈다. 이런 새로운 도전이 가슴 뛰게 만든다. 보통날의 작은 즐거움을 만끽하자.

엄마의 자리가 그리워 아이들 옆에 있으려 휴직했던 내게 새로운 세계들이 자꾸 노크를 한다. 그리고 적극적으로 손잡으려는 나는 동하고 있다. 그리고 즐거워하고 있다. 집에 귀가한 아이들에게 말하니 입을 모아 이야기한다.

"엄마 해봐! 멋진데?"

행복은 바로 여기에

,

몇 년 전 아이가 아빠 생신선물로 무엇을 선물할까 고민된다며 추천해달라고 했다. 《카네기 인간관계론》과 《카네기 행복론》을 추천했고, 초등학교 3학년 아이가 이것을 골랐다는데 남편은 의아해했다. 당연히 아내의 입김이 작용했으리라 짐작했을 것이다.

원고를 마무리하면서 《카네기 행복론》을 들추어 보았다. 전 세계적인 베스트셀러가 될 만한 책이다. 고민을 관리하는 법부터 감정을 컨트롤할 수 있는 방법까지 이 책은 내 인생에 많은 영향을 주었다.

"엄마, 이 책 지난번에도 읽지 않았어? 또 읽어?"

"이 책은 엄마가 가장 좋아하는 책이야. 행복해지는 비법을 전수해 주는 책이지."

"그래서 엄마가 아빠 선물로 추천했구나? 행복해지는 법 까먹을 때마다 다시 읽자고."

"그래."

우리는 행복하기 위해 산다. 또 아이들이 커서 행복하길 바란다. 나도 지금 이 행복을 위해 쉬고 있고. 그리고 또 다른 내일의 행복을 위해 오늘도 행복하게 살려고 노력하고 있다.

무엇이 행복해지는 방법인지 그 비법을 알고 그것을 하나씩 실천해갈 때 우리는 행복해질 수 있다. 그리고 이 좋은 비법을 아이들에게도 전수해주고 싶어서 그렇게 키우고 있다. 고민하고 있는 많은 문제들은 이미 과거에 많은 인생선배들이 고민한 것들이고 그들이 나름 자신의 경험/사고를 근거로 정리해 놓은 것이 책이니까. 참고해서 내 인생의 맞춤형 솔루션을 마련하는 것이 행복을 유지하는 최고의 비법이 아닐까?

'행복은 노력하는 것이고, 행복하지 않아도 미소를 짓고 긍정적으로 생각하면 행복해진다.'

책의 몇 줄을 가리키며 적당히 현실을 받아들이고, 적당히 나쁜 생각을 잊고 사는 것이 현명한 것임을 아이들에게 이야기해준다. 아직은 어려서 무슨 말인지 모르겠지만, 어른들도 행복을 배우는 책이 있음을 그리고 그 행복을 유지하기 위해 노력함을 알려준다는데 의의를 갖는다.

'사랑만한 교육은 없다'는 말처럼 나도 사랑으로 아이들에게 행복 비법을 공유하며 성장해 나가고 있다. 감정코칭교육을 통해 새롭게 배운 것은 사랑의 편지쓰기이다. 아이의 장점, 고마웠던 점, 사랑스러웠던 점들을 생각하며 아이에게 편지를 쓰는 것이다. 편지쓰기가 이러한 효과가 있는지 몰랐는데, 글을 쓰는 내내 눈물이 흐른다. 미안한 마음과 고마운 마음이 뒤엉킨다. 강사님 말씀대로 글로 쓰니까 말할 때보다 감정이 정화되고, 오히려 내가 치유되는 느낌을 받았다. 새삼 이미 내게 주어진 많은 것들에 감사하게 되고, 아이들을 더욱 사랑스럽게 볼 수 있게 되는 가장 쉬운 방법. 그리고 나의 마음을 다독여 주고 긍정적인 방향으로 안내해주는 사랑의 편지쓰기 정말 최고다.

내가 막내아이에게 썼던 사랑의 편지는 다음과 같다.

'스크래핑' 교육 간다고 했을 때 혼자 집에 있을 수 있다며 유치원도 안 가고 집에 있겠다고 네가 고집해서 그러라고 했지.

엄마는 우리 지영이가 혼자 뭐하고 지냈을까, 무슨 일은 없을까 하는 걱정을 많이 했는데 지영이는 혼자 그림책 보고 그림 그리며 잘 있었다고 했지. 언니랑 라면 끓여 먹었다고 해서 엄마 가슴이 짠했다.

엄마가 성장할 수 있도록 이렇게 지원해주는 너희들. 너희들이 잘 큰 것에 너무 감사해서 가슴 뭉클했어.

그리고 어젯밤 12시. 아빠가 야근으로 늦게 들어오신다고 현관문을 하나만 잠갔을 때, 지영이가 나쁜 사람 들어오면 소리가 나고 넘어지도록 현관문에서 안방문까지 그리고 안방문에서 이불까지 네 물건들을 분산해서 놓아두었지. 엄마는 그런 생각을 할 수 있는 엉뚱한 우리 사랑스런 딸 지영이를 엄마에게 보내주신 하느님께 감사드렸단다.

그리고 나서 엄마 두 손을 잡고 자던 우리 지영이.

"우리는 같이 죽고 같이 사는 거야!"라고 웃으며 말하고 자던 우리 천사. 엄마는 지영이를 너무 사랑한단다. 우리 아기천사!

그로부터 며칠 후 사진관에서 유치원 졸업사진을 찍는다고 지영이랑 엄마랑 같이 갔을 때, 엄마는 지영이가 이제 초등학교에 들어갈 거라고 생각하니 한편으로는 뿌듯하고 한편으로는 아가 천사에서 어린이 천사가 되는 거 같아 약간 눈가에 눈물이 고였었단다.

우리 천사, 엄마 곁에서 더욱 예쁘게 사랑스럽게 무럭무럭 크기 바란다. 사랑해♥

227

휴직기간 동안 나와 가족이 조금이라도 정서적 허기를 채우고 충전되길 바랐다. 짧은 기간이었지만 '내가 행복해야 가족도 행복해질 수 있다'는 모토 아래 그렇게 하려 노력했고, 내가 알고 있는 모든 방법을 동원하여 행복해지는 방법을 전수하고자 애썼다. 그것이 우리 가족 모두가 최종적으로 바라는 삶이므로.